Poemario esférico

Abel González Canalejo

**Prólogo de
Francisco Correal**

Platero
COOLBOOKS

Título: Poemario esférico

Primera edición: septiembre, 2025

© 2025, del texto Abel González Canalejo.

© 2025, de la edición, maquetación y diseño Platero CoolBooks.

© Platero Editorial S.L.

Glorieta Fernando Quiñones s/n .

Edif. Centris, planta 2, módulo 10. 41940 Tomares (Sevilla)

info@plateroeditorial.es

www.plateroeditorial.es

Diseño de portada: Platero CoolBooks.

Ilustraciones por Lily Vainylla

Printed in Spain-Impreso en España

Depósito legal: SE 1917-2025

ISBN: 979-13-87720-29-2

A mi hijo Marcelo, quien me enseñó que el fútbol también es poesía en cuanto es emoción compartida.

Índice

Prólogo
Goleada en cinco versos alejandrinos

No había romancero más perfecto, poesía oral y coral mejor enraizada en la memoria que las alineaciones de los equipos de fútbol recitadas como salmodia por los locutores radiofónicos o por la megafonía de los estadios. Eso ahora es más difícil con las rotaciones y los cinco cambios permitidos. Un doble atentado contra la memoria del que se lamentaba hace muchos años Miguel Delibes padre (conseguí su teléfono a través de Miguel Delibes hijo, biólogo y amigo) cuando lo entrevisté en vísperas de un Betis-Valladolid. Él fue cronista de fútbol en Zorrilla, aunque los domingos que se iba de caza la crónica la hacía su hijo. Como tenían el mismo nombre...

No conozco una herramienta mnemotécnica más poderosa que el fútbol. Gracias a esta afición bien temprana aprendí geografía (cada lunes trazaba líneas en un mapa de España que unían las ciudades de los equipos que se enfrentaban el domingo siguiente), aprendí matemáticas con los positivos y negativos que han desaparecido con la liga de los tres puntos, concesión a la pérfida Albión. Los héroes de los locutores aparecían en los cromos, con los que de niños organizábamos un mercadillo que ríete de la Bolsa de Nueva York. Los jugadores monosilábicos tenían doble valor (los recuerdo como una partitura musical: Lo, Re, Niz, Blas, Sol) y también los de muchas letras: Martín Esperanza

15 (había que decir el nombre del futbolista y el número de letras). Por eso, cuando Juan Manuel Asensi 16 pasó del Elche al Barcelona y se convirtió en Asensi 6 su cotización era inferior.

El libro de Abel González Canalejo me ha tocado las fibras más sensibles de mi memoria balompédica. Yo también bebí del pozo de Albert Camus, al que le dieron el Nobel de Literatura el año que yo nací, 1957 (ese año el Madrid le ganó a la Fiorentina la segunda Copa de Europa); *Las venas abiertas de América Latina* de Eduardo Galeano tienen una arteria llena de futbolistas. Tuve la suerte de conocerlo y entrevistarlo, compatriota de los artífices uruguayos del maracanazo de 1950 al que Abel le dedica uno de sus poemas esféricos.

Un libro lleno de *fair play*, porque tanto el título como la introducción de uno de sus poemas, «El envase de Lopera», siendo el autor sevillista, los firma su amigo bético Ángel González Aguilar. A Abel no lo conozco en persona cuando escribo estas líneas. Mi hija Carmen, que nos ha hecho abuelos, es compañera en Ghenova y conoce a algunos de los integrantes de su Peña Esférica.

22 poemas, como los integrantes de un equipo de fútbol, por mucho que Helenio Herrera dijera que con diez se juega mejor que con once. Once contra once en ese deporte en el que, según Gary Lineker, siempre gana Alemania. Eso era antes (de Fernando Torres). Cuando escribí la biografía de Gordillo (autor del 13-1 a Malta que le anuló el colegiado) titulaba un capítulo «Once alemanes y alemanes, 11». En la calle que está junto a las gradas de la Catedral estuvo la secretaría del Betis antes de trasladarse a la calle Conde de Barajas, donde nació Gustavo Adolfo Bécquer.

Un libro lleno de fútbol y poesía. Con la dialéctica entre culteranos y conceptistas de nuestro Siglo de Oro. La línea que separa a Quevedo, que jugó en el Cádiz, el Valladolid y el Atlético de Madrid, y a Góngora, que aglutinó a los poetas del 27 y era Argote de segundo apellido, como Estanislao Argote, futbolista del Athletic de Bilbao que el 21 de junio de 1977 hincó la rodilla en la final de la primera Copa del Rey con el penalti que Esnaola le marcó a Iríbar.

La mano de Dios; las potencias del Buitre (con el santo Job de testigo); el 12-1 a Malta; el penalti a lo Panenka; la *Oda a Platko* por el heroísmo de Jesús Castro, hermano de Quini, en su mejor parada; el día que Franco pasó a llamarse Franco Martínez; la evidencia con Berruezo y Antonio Puerta de que mueren más futbolistas que toreros, Joselitos con borceguíes. El realismo mágico de Mágico González, que como Quevedo también jugó en el Cádiz, donde es un semidiós, y en el Valladolid. García Márquez, Nobel de Literatura el año del Mundial de España, nace en 1927, el mismo año que Puskas, y muere en 2014, igual que Di Stéfano.

Los poemas van precedidos de apasionantes historias explicativas. Prosa poética, podemos decir. El Marcador Simultáneo Dardo es una reliquia de la semiótica del fútbol, como el transistor que inmortalizó Benito Moreno o el Anuario Dinámico, ese canto al miniaturismo en libros-pulga que condensaban toda la temporada. Voy acabando. Primero con dos historias de cromos. Javier Marías, el mejor novelista español de nuestro tiempo y el más futbolero, cuenta en el libro *Salvajes y sentimentales* que no había manera de encontrar el cromo de Mendonça, un futbolista angoleño que jugó en el Barcelona. Para convencer a un compañero de clase que lo tenía, se lo cambió «por una foto de mi joven tía Tina», que por lo visto era un cañón.

Enrique Valdivieso ha sido el mayor estudioso del Barroco sevillano, experto en Murillo y en Valdés Leal. Murió con su mujer en trágicas circunstancias en su casa de la calle Mateos Gago. Le hizo mucha ilusión publicar el libro *Cromos de fútbol del Real Valladolid. La época dorada 1948-1964*. Ciudad en la que nació y de cuyo equipo fue socio. Cuenta en el libro que no había manera de encontrar cromos de un tal Cabezudo, portero suplente del único equipo que tiene en su estadio el nombre de un poeta, José Zorrilla.

Le hablé a Abel, nombre de portero caro, de un descubrimiento que le debo a su libro. Una noche me dormí recitando delanteras legendarias, cuando eran cinco: dos extremos, dos interiores y el delantero centro. Antes de la horterada de los carrileros y el achique de espacios.

La del Athletic de Bilbao: Iriondo, Venancio, Zarra, Panizo y Gaínza (la recité durante cinco años en las pruebas de sonido en un espacio que tenía en Radio Sevilla).

La delantera Stuka del Sevilla: López, Pepillo, Campanal, Raimundo y Berrocal.

La del Barcelona, que aparece en una canción de Serrat: Basora, Kubala, César, Moreno y Manchón.

Los Cinco Magníficos del Zaragoza: Santos, Canario, Marcelino, Villa y Lapetra.

El Real Madrid de los sesenta: Amancio (mi ídolo de siempre), Serena, Grosso, Velázquez y Gento.

Las cinco delanteras son un puro *Poemario esférico*. Diferentes generaciones de aficionados se las han aprendido de carrerilla. Todas, de cinco equipos diferentes, tenían en común que las formaban catorce sílabas. Versos alejandrinos. Por menos, Boscán y Navagiero pusieron en marcha el Renacimiento paseando por los jardines del Generalife, a dos pasos de Los Cármenes, estadio del Granada, que viajó a Pontevedra en el partido que arbitró en Primera División Franco Martínez.

En este libro, la guerra de las Malvinas la gana Argentina: «Dios no es británico, es algo más sureño (guiño a Silvio)… Dios es porteño». *Poemario esférico* tiene además su particular homenaje a Antonio Machado en el 150 aniversario de su nacimiento: «Mi infancia son recuerdos de un foso de Sevilla…», glorioso comienzo del poema que dedica al empeño de Rinat Dassaev, juguete roto del sevillismo, por saltar con su vehículo el foso de la antigua Fábrica de

Tabacos cuando era rector Javier Pérez Royo, maratoniano, ponente del Estatuto Andaluz y lector de *El capital* de Carlos Marx.

P. D.: Escrito horas después del 0-6 de España a Turquía y del 6-2, 3-6, 6-1 y 6-4 de Alcaraz a Sinner en Nueva York, que parecía La Condomina.

Francisco Correal,
Periodista y Escritor

Poemario esférico

Abel González Canalejo

Ilustraciones de Lily Vainylla

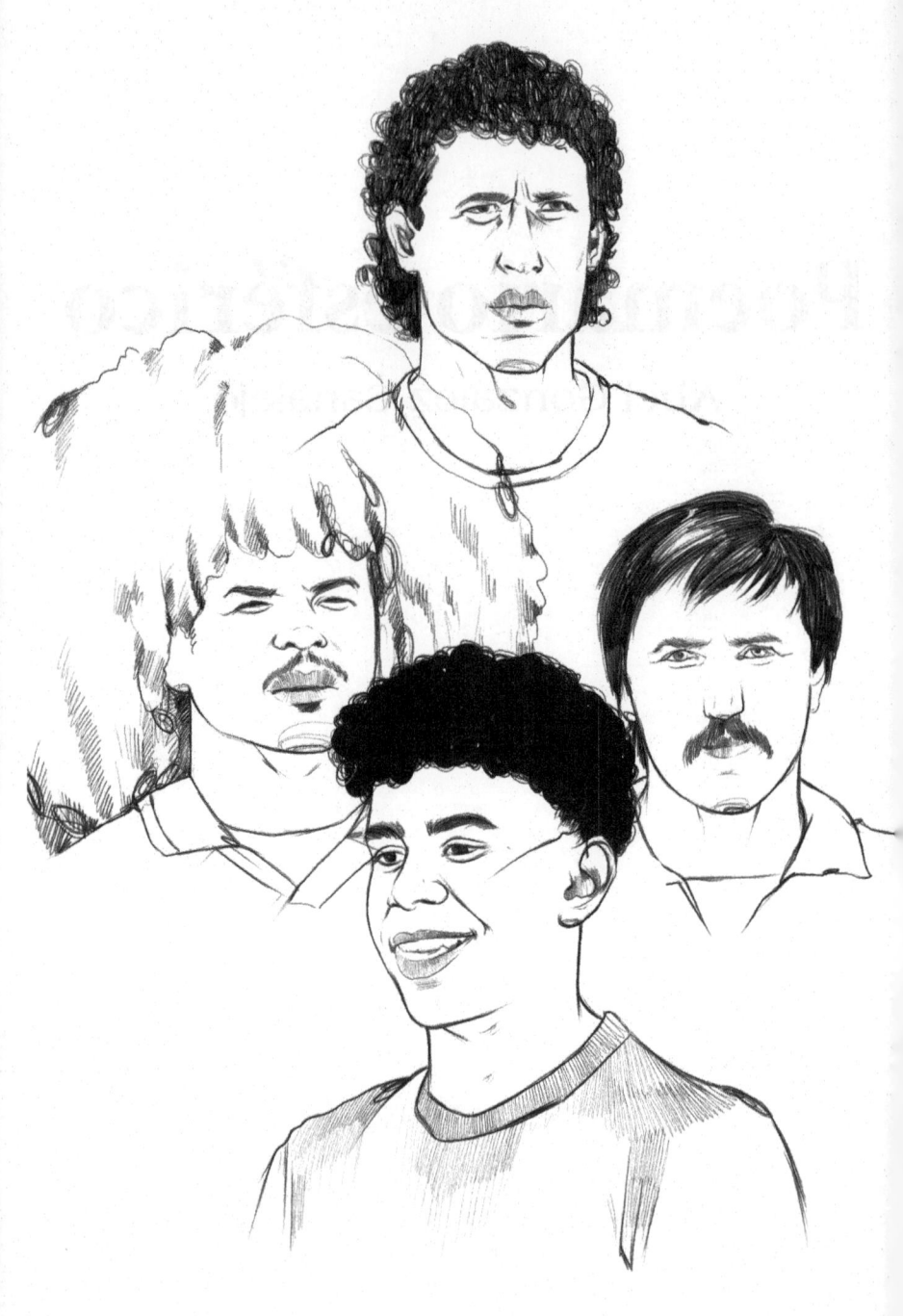

SAQUE
INICIAL

POESÍA Y FÚTBOL

¿En qué se parece el fútbol a Dios? En la devoción que le tienen muchos creyentes y en la desconfianza que le tienen muchos intelectuales.

—Eduardo Galeano

LA RAZÓN DE *POEMARIO ESFÉRICO*

¿Y por qué no? Ésa es la razón de este libro.

Siempre me ha gustado lanzar esa pregunta como justificación de las cosas que hago cuando son novedosas o exploratorias. Transgredir convencionalismos que nos encorsetan como normas que, en realidad, nadie nos ha impuesto, siempre me ha aparecido razón suficiente para hacer las cosas, ¿y por qué no? Por eso me planteé escribir, no un poema, sino todo un poemario al fútbol.

Confieso que se me hacía irresistible la idea de que algún poetastro pomposo se rasgara las vestiduras al presuponer que la ausencia de envoltorio intelectualoide privaría a mi manuscrito de belleza o emoción. Nada más alejado de la realidad: la poesía es algo mucho más profundo y cercano; no necesita de peluca, talco y rapé para ser. Que le pregunten, si no, al golfazo de don Francisco de Quevedo, a quien ni la canallería de sus sonetos satíricos ni la zafiedad de su *Buscón* lograron ensuciar el brillo de su *Definición del amor*. Es imposible contener un suspiro tras leer esa maravilla que comienza: «Es hielo abrasador, es fuego helado…», como tampoco se puede reprimir la carcajada al saborear sus sonetos dedicados a su eterno rival, don Luis de Góngora, «perro de los ingenios de Castilla».

Pero algo pasó con Góngora, quizá a partir de la Generación del 27, que tanto idolatró sus cultismos: algunos llegaron a pensar que la poesía no era posible sin aéreas musas tocando el arpa ni mitos clásicos, y yo afirmo que eso no es cierto, que la poesía no está en las cosas, sino en los ojos que las contemplan (esta idea fue precisamente la fuerza impulsora de mi primer poemario, *Tumba de sal*). Y también afirmo que existe poesía en la cotidianidad, tal como expresó maravillosamente bien Julio Llorente (el escritor, no el futbolista del Tenerife) en su artículo «La poesía de lo cotidiano» (*ABC*, 12 de agosto de 2024):

> ¿Cómo descubrir la poesía de lo cotidiano? Mirando, levantando la vista del dispositivo móvil… Quien mira atentamente puede paladear gozos inimaginables. Pero tal vez la atención apenas acreciente nuestro pesimismo. Por eso se nos exige algo más: la mirada específica del poeta, pues en ninguna parte encuentra uno poesía si no la lleva consigo… No tiene ningún mérito maravillarse del milagro de que un manzano dé frutos dorados; lo que nos propone el poeta es que nos maravillemos del milagro de que dé frutos verdes… Pero el hombre contemporáneo quiere vivir experiencias novedosas, romper las tenazas de la rutina, fotografiar exotismos para recobrar lo poético.

Yo no puedo estar más de acuerdo con estas afirmaciones. El ser humano busca a menudo la poesía en lo extraordinario, lo maravilloso, lo inexplicable, lo místico y lo misterioso… raramente en lo cotidiano o lo monótono… y más raramente aún en algo tan vulgar como un partido de fútbol.

LA INTELECTUALIDAD Y EL FÚTBOL

El uruguayo Eduardo Galeano —quizá el más prolífico de los intelectuales futboleros— decía que «el fútbol se parece a Dios en la devoción que le tienen muchos creyentes y en la desconfianza que le tienen muchos intelectuales». Y para darle la razón, muy cerquita en espacio y tiempo, el argentino Jorge Luis Borges declaraba que «el fútbol es popular porque la estupidez es popular». Humberto Eco, también detractor de nuestro deporte rey, declaraba que «el fútbol es una de las supersticiones religiosas más extendidas de nuestro tiempo», y George Orwell que «el fútbol no tiene nada que ver con el juego limpio; está ligado al odio, a los celos, a la jactancia y al placer sádico de presenciar la violencia».

Madre mía… menos mal que para contrapesar tanto pesimismo tenemos a un gigante de la filosofía universal, Albert Camus, quien practicó fútbol en su juventud y llegó a declarar: «Todo cuanto sé con mayor certeza sobre la moral y las obligaciones de los hombres, se lo debo al fútbol». Y junto a él un puñado de escritores, sobre todo sudamericanos, entre los que destacan Eduardo Galeano y Mario Benedetti. Pero, sin duda, entre la intelectualidad son más los detractores del fútbol que los defensores.

EMOCIÓN COMPARTIDA

Pero digan lo que digan unos y otros, hay una verdad incontrovertible: el hombre es un ser narrativo o mitopoético, que necesita de la épica, contar y escuchar aventuras heroicas y elevar los sucesos cotidianos al altar del mito. Por eso Ulises y Aquiles siguen vivos tras tres mil quinientos años y, por eso, el fútbol, con sus proezas, sus miserias, sus leyendas y su combatividad, ha llegado a ser un imán para el hombre tan atractivo como el canto de las sirenas para el rey de Ítaca.

Yo, por mi parte, tras toda una vida de cofrade raso y más de veinte años escribiendo poesía cofradiera, sé muy bien lo que es la emoción compartida, e incluso la emoción colectiva, y por eso reconozco en el fútbol la grandeza de un espectáculo (y también una fe) que acompasa el latido de tantos corazones y provoca tantas lágrimas unánimes de emoción y también de decepción. Además, me basta contemplar la felicidad de mi hijo Marcelo —el auténtico hincha de mi casa— cuando comparte alineaciones, clasificaciones y fichajes con sus compadres futboleros (aunque quizá esto último no cuente porque no hay nada en el mundo que arrobe más el corazón que la felicidad de un hijo).

LA POESÍA Y EL FÚTBOL

Alcanzado por medio de este razonamiento el convencimiento de que en el fútbol hay emoción compartida, belleza, épica y lírica… en suma, poesía, cabe preguntarse cuánta poesía se ha escrito sobre fútbol.

En realidad, se ha escrito no mucha, pero sí alguna poesía sobre el tema, sobre todo poemas sueltos, como la *Oda a Platko* (Rafael Alberti), la *Contraoda del poeta de la Real Sociedad* (Gabriel Celaya) que sirvió de réplica a la anterior, la *Elegía al guardameta* (Miguel Hernández), el poema dedicado a Maradona, *Hoy tu tiempo es real* (Mario Benedetti), o el célebre *Estadio de noche* (Günter Grass).

Hay poemas futbolísticos incluidos en las antologías de los poetas que los escribieron y hay también antologías de cuentos futboleros, como aquella que publicó Jorge Valdano titulada *Cuentos de fútbol* (1995) donde él mismo aportaba un cuento junto a los de Miguel Delibes, Fernando Fernán-Gómez, Javier Marías, Rosa Regás y José Luis

Sampedro, entre otros.

Hay también relatos sobre fútbol escritos con una narrativa de corte bastante lírico, como *El fútbol a sol y sombra* (Eduardo Galeano, 1995) o como *Papeles al viento* (Eduardo Sacheri, 2011).

Todo esto y más se ha escrito sobre el fútbol, pero lo que no he alcanzado a encontrar en mis pesquisas es un poemario de un único autor dedicado en exclusiva a este deporte. Esto constituyó para mí un reto, un aliciente adicional para la creación de *Poemario esférico*. ¿Quizá el primer poemario de su género en lengua castellana?

ONCE CONTRA ONCE

La blanca planicie del papel que constituye el terreno de juego de este libro está ocupada por veintidós poemas construidos en métricas clásicas: décimas, sonetos, alejandrinos, romances y soleares.

Juegan once contra once poemas: once jocosos, golfos y canallas constituyen un equipo, y otros once más solemnes y melancólicos, el equipo contrario (otra vez Quevedo contra Góngora).

Juegan los poemas al balompié y echan a rodar su balón de letras, y con cada regate de la métrica y cada finta del ritmo cuentan historias futboleras.

Algunas tan viejas como el marcador simultáneo Dardo, al que no alcancé a conocer pero al que llegué a ver por los ojos de mis buenos y viejos amigos futboleros. Otras, tan raras como el origen de los dos apellidos arbitrales, su conexión con el régimen de Franco y con la organización terrorista ETA. Son historias que, unas por raras y otras por viejas, bien merecen una explicación previa para poder entenderse en toda su dimensión, por eso cada poema de este *Poemario esférico* viene precedido por una introducción que sitúa la acción que luego el poema versificará.

Se cuentan y se poetizan también aquí algunos episodios que fueron inolvidables y quedaron grabados en el inconsciente colectivo de la España que los vivió, como el del 12 - 1 frente a Malta o el del «paquete» de Butragueño. Otros episodios, melancólicos, como los partidos del recreo de nuestra infancia o la falsa camiseta, y otros que cuentan gestas heroicas como la de Jesús Castro fuera del terreno de juego, o bien que narran obras de arte en movimiento como el penalti de Panenka o el gol a Francia de Lamine Yamal.

Se cuentan también travesuras como la de Míchel con Valderrama o la mano de Dios de Maradona, o las protagonizadas por personajes singularísimos tan irrepetibles como Mágico González, Gil y Gil, Luis Cuervas o Lopera, que marcaron una época, aunque también desfilan por estas páginas algunos personajes más recientes, como Lamine Yamal o Keylor Navas. Y también queda hueco para alguna leyenda forjada por el imaginario popular (a pesar de tener base real), como la del hombre que tropezó dos veces con el mismo foso.

TIEMPO DE DESCUENTO

Confieso que la construcción de este poemario me ha dado muchas satisfacciones. Más allá de la consecución de un reto que me propuse (téngase en cuenta que, básicamente, yo no soy futbolero) esta obra me ha permitido conocer un montón de historias y anécdotas maravillosas, heroicas, emotivas, divertidas, desvergonzadas… y, sobre todo, me ha facilitado compartirlas con mis amigos y con mis hijos en ratos inolvidables.

Y, al final, creo que eso es lo mejor que el fútbol ofrece a nuestras vidas: la emoción compartida con nuestros seres queridos. Eso, y las señales de identidad que nos proporciona, la pertenencia al grupo, los colores, la identidad tribal, si se quiere llamar así. Un amor, un color y una fe en la que reconocerse junto a otros y que poder legar a nuestros hijos y discípulos. A la postre, los humanos seguimos siendo seres inevitablemente tribales. Yo, al menos, lo siento así.

Finalizo ya. Se acaba el tiempo de esta introducción y es hora de echar a jugar a los poemas. Espero que disfruten de este *Poemario esférico* casi tanto como he disfrutado yo escribiéndolo para ustedes.

Nos vemos en los estadios, los ruedos, los templos y los bares…

A. G. C.

POEMARIO
ESFÉRICO

EL CARRUSEL DEPORTIVO

Mi equipo, sobre todo, en mí es un nombre, un escudo, una bandera. O sea, una patria.

—Antonio García Barbeito

En mi niñez y en mi casa, como en tantas otras casas españolas de finales de los setenta y principios de los ochenta, se daba una circunstancia muy común entonces: al padre le gustaba el fútbol y a la madre el cine. Y al cabo de los años todos mis hermanos fuimos cinéfilos y ninguno futbolero.

A menudo me he preguntado por qué esto fue así, siendo el fútbol lo que es: para muchos, un gran amor; para algunos casi una religión. Basta recordar, por ejemplo, al gran actor José Bódalo y su devoción por el Real Madrid, de quien dicen que salía a escena con un pinganillo en el oído para no perderse ni un partido mientras interpretaba sus diálogos. O el inolvidable bohemio sevillano José Antonio Garmendia, quien llegó a interrumpirse en mitad de un pregón de Semana Santa para preguntar al público: «¿Sabe alguien cómo va el Betis?». O la anécdota (apócrifa, dicen) del leal hijo que llevaba las cenizas de su difunto padre en un tarro de cristal (de melocotones en dulce) al campo del Real Betis Balompié tal cual contaba el presidente Lopera… Maravilloso, impagable amor, como el que otros profesamos a las cofradías, al cine o a los toros.

En mi casa, en cambio, el fútbol no cuajó, a pesar de

ser mi padre un gran aficionado, tanto es así que, el día que se jubiló, puso un segundo televisor en un dormitorio y se pasaba mañanas y tardes viendo un partido tras otro. No conocía otra afición. Y ahí radica, según lo veo yo a la vuelta de los años, la causa de todo: para mi padre el fútbol era un deleite que disfrutaba en solitario, como casi todo, dado su carácter bastante huraño, mientras que mi madre, más abierta y extrovertida, nos llevaba a todos al cine a ver las inolvidables películas de romanos y del Oeste.

A pesar de esto, la magia del fútbol flotaba en el aire de los domingos por la tarde de mi casa, yendo y viniendo con las ondas y las olas de los sonidos del Carrusel Deportivo, su enloquecida sirena, sus delirantes cantos de goles y sus anuncios de brandi.

Son los domingos de mi infancia, en mi memoria,
como un aroma acre o una imagen ocre
que vuelve siempre a mí con su carga notoria
de ocaso gris y sepia, de rutina mediocre.

Sé que, para otros, los domingos por la tarde
bullían de penaltis postreros y victorias;
del crepitar de una hoguera que aún les arde
por dentro, con el fuego de su íntima historia.

Pero para mí, aquella hora del ocaso
del domingo, era no más que el principio del fin:
el final para el fin de semana o, si acaso,
el nuncio del lunes que ya mismo estaba allí.

Toda mi alegría y toda mi euforia
eran para el viernes, con todo aún por venir.
Y así el domingo era sábana mortuoria
del sábado —ya pasado— ocioso, breve y feliz.

El viernes explotaba a la puerta de la escuela
un alarido feliz de mochilas al vuelo.
Abiertos los brazos en cruz, henchidas las velas,
elevaban los niños su gratitud al Cielo:

«¡Bie-e-e-en!» —gritaban—, y yo también con ellos
libres de la escuela tan inútil y molesta.
¡Qué bueno era todo, y qué alegre, y qué bello!,
ante la perspectiva de dos días de fiesta.

Como todo lo bueno, los dos días volaban
y se iba el domingo, después, en un suspiro.
Y con los deberes aún por hacer, ya sonaba
en la Cadena SER el Carrusel Deportivo:

una voz infame de pregonero canalla
salía del transistor, sobre el salpicadero,
para venir a cantar «gol, gol, gol en Mestalla»,
o «tarjeta con expulsión en el Sardinero».

«Bebe Soberano: es cosa de hombres» —decía
una voz femenina de timbre sugerente—.
Y a cada gol saltaba la febril sintonía
y la sirena tenaz con su pi-pi-pi vehemente.

Cada locutor, a pulmón libre competía
a ver quién era capaz de cantar más largo el gol.
Y así el domingo pasaba, se marchitaba y moría
entre anuncios de Brandi Byass, Therry y Fundador.

En aquel Seat seiscientos, ya de recogida
de cualquier ventorrillo, anunciaba el transistor,
desde el salpicadero, la hora de la huida,
la retirada, la vuelta a casa, la rendición.

Así moría el domingo para unos y otros,
y así moría mi dicha y así moría yo:
cansado como muchos, exangüe como pocos,
triste como ninguno sin equipo ni afición.

Unos cumplimentaban la ritual quiniela
soñando ya el domingo próximo, con ilusión.
Otros, tarde y mal, los deberes de la escuela
con el lápiz largo y amargo de la decepción.

Hoy, pasados los años, no me gusta el balompié
y me pregunto por qué no tengo yo esa pasión.
Ese delirio, esa fe, ese raro no-sé-qué
que siempre me lleva al pie de la misma conclusión:

Y ésta es que en el fútbol, como en los chistes o el vino,
como en todo buen viaje o en todo gran amor,
importa menos el destino que el camino,
pero para compartirlo, hay que ser al menos dos.

Por eso hoy, mi hijo, tiene goles y alegrías
y futboleras porfías y domingos de emoción.
Y me tiene a mí, ¡válgame, quién lo diría!,
para compartir equipo, colores y afición.

EVASIÓN O VICTORIA

El fútbol es un deporte que inventaron los ingleses, juegan once contra once y siempre gana Alemania.

—Gary Lineker

Los niños de mi generación nos criamos a la luz de las películas americanas que pasaban los sábados en la primera de las dos únicas cadenas de la televisión de entonces. A mediodía, en *Sesión de Tarde*, y por la noche, en *Sábado Cine*, nos alimentaban la imaginación y el sensorio a base de *westerns*, películas de romanos y películas bélicas de la II Guerra Mundial.

Entre estas últimas, resultaba inolvidable *La gran evasión* (John Sturges, 1963), con la pegadiza banda sonora de Elmer Bernstein que dos o tres generaciones silbamos todavía. En *La gran evasión* los aviadores aliados, cautivos, escapan de un campo de prisioneros alemán durante la Segunda Gran Guerra. Imágenes suyas, como la de Steve McQueen en moto o con su guante de béisbol lanzando contra la pared de la celda, acabaron siendo iconos.

Por ello no es de extrañar que, cuando en 1981 John Huston estrenó *Evasión o victoria* con un argumento similar, la misma historia nos volviera a cautivar. Pero esta vez la trama contaba con un elemento adicional: el fútbol. Un partido de fútbol servía de tapadera para la evasión de los

prisioneros aliados de las garras de los nazis. Al final, el fútbol se impondría a las ansias de libertad y ganar el partido y la propia dignidad se convertiría en la primera prioridad de los protagonistas, por encima de la huida y la libertad.

Con estos aditamentos resultaba imposible resistirse al imán de esta película, se fuera o no futbolero. Además, estaba la chilena final de Pelé, cuya poética está fuera de toda duda para cualquier alma sensible, incluida la del impagable villano del film, Max von Sydow, quien con tanta deportividad se levantaba a aplaudirla.

Hay quien dice que esta película de culto es la mejor que se ha rodado sobre fútbol. No lo sé. Sólo sé que la belleza de esa chilena a cámara lenta y con las aéreas notas de un clarinete de fondo la llevo incrustada en mi memoria.

Dicen: «vivir para ver»,
y mirad cuán divertido
lo que tuvieron que hacer
para que viera yo un partido:

pues tuvieron que poner
a Stallone de portero,
a un alemán de linier
y a Pelé de delantero.

A Max von Sydow mirando,
a Bobby Moore en defensa,
y a Ardiles en mediocampo
haciendo una lambretta.

Cuánta pasión sin engaño,
cuánta emoción contenida
para un niño de diez años
que aún confunde cine y vida.

Aún recuerdo su final:
enmudeció todo el mundo,
y con silencio mortal
se paró el tiempo un segundo.

Bobby hizo un pase alto,
miró al cielo Pelé,
buscando el balón que caía
como el maná de Yahvé,

y con la fe de un asceta
alzó al aire los pies,
e hizo la tijereta
y el balón besó la red.

Esa chilena de Pelé,
que aun siendo una jugada
es un poema también,
quedó en mis ojos clavada.

Evasión o victoria,
así se titulaba
la película de esta historia,
y John Huston la firmaba.

BUTRAGUEÑO MOSTRÓ
SU HOMBRÍA

Alguna vez tuve sueños de fútbol, para qué voy a negarlo. Pero en realidad yo soñaba más con mujeres que con goles.

—Mario Benedetti

Visto ahora, a la luz de casi cuarenta años, resulta inverosímil el revuelo que se formó con aquella foto de portada de *Diario 16*, en la que a Emilio Butragueño se le veían sus genitales involuntariamente fuera del calzón. Otras fotos, anteriores a esta y más provocadoras, como la de la actriz Susana Estrada sacándose un pecho en un acto oficial delante del alcalde de Madrid, Enrique Tierno Galván, y del presidente del Gobierno, Adolfo Suárez, cayeron rápidamente en el olvido, pero la de Butragueño aún se recuerda. ¿Y por qué? ¿Por tratarse de un hombre? ¿O de un partido de fútbol? Para intentar comprenderlo hagamos un poco de memoria:

Con la muerte de Franco en 1975 arranca en España el incierto, vertiginoso y apasionante episodio histórico de la Transición, y no solo de la transición política que se vivía en los foros propios del poder, sino también la transición sociológica que se vivía a diario en la calle y consecuentemente en las portadas de las revistas, en el cine y el teatro.

Fue la película *La trastienda* (Jordi Grau, 1975) la que

mostró el primer desnudo integral de la nueva España. Durante apenas unos brevísimos segundos, la joven actriz María José Cantudo mostraba todo su cuerpo desnudo, dando lugar a mucha guasa en la calle y al popular pareado «el felpudo de la Cantudo», tan celebrado por aquellos días.

Se inaugura el destape en España y los hombres no quieren ser menos, se compite por el premio al más progre y se lo lleva el actor Patxi Andión, quien muestra por vez primera toda la desnudez masculina en la película *El libro del buen amor* (Tomás Aznar, 1975) y, unos meses más tarde, en *La otra alcoba* (Eloy de la Iglesia, 1976), esta vez acompañado de su esposa en la vida real, la ex *miss* universo renegada Amparo Muñoz. Más guasa en la calle: el miembro viril pasó a llamarse por aquel entonces «el patxi».

Un paso más: el primer desnudo integral en vivo ocurrió en el proscenio del Teatro Reina Victoria, de Madrid, durante la representación de la obra ¿Por qué corres, Ulises? (Antonio Gala, 1975). El desnudo corrió a cargo de la actriz Victoria Vera y el escándalo fue monumental: grupos de ultraderecha amenazaron al teatro y a la actriz porque una cosa era ver un «felpudo» en la pantalla del cine, y otra verlo en vivo, casi al alcance de la mano, desde la primera fila de una platea.

Ya no había vuelta atrás, hasta Marisol, la niña prodigio del Régimen en los sesenta, se desnudó en la portada del número dieciséis de la revista *Interviú* en septiembre de 1976. Las fotos eran de 1972, pero esperaron cuatro años para publicarlas, aun así, su autor, el fotógrafo César Lucas, fue procesado por escándalo público. No cabía duda: la sociedad avanzaba más deprisa que sus leyes.

En 1978, con la de aprobación de la Constitución Española, la imparable carrera del desnudo alcanzó la meta del esperpento: la actriz Susana Estrada acude a recibir un premio otorgado por el diario *Pueblo* de manos del alcalde de Madrid, Enrique Tierno Galván, en el justo momento en que se le sale (¿fortuitamente?) un seno del escote. El munícipe sólo acertó a decir: «tranquila, hija mía, pero tápate, no vayas a coger frío», ante la atónita mirada de los presentes, entre los que se encontraba el presidente del Gobierno, Adolfo Suárez.

Diez años más tarde de estos escandalosos y al tiempo divertidos acontecimientos, la transición política ya estaba superada, pero, ¿y la sociológica? Parece ser que no, porque entonces sucedió lo de Butragueño.

Catorce de diciembre de 1986, tarde de domingo, partido anodino de liga Real Madrid – Espanyol:

A escasos minutos del final, contraataque con peligro de Emilio Butragueño (1963 -) frente a los defensas Iñaki y Job. El fotógrafo Charly Monge, de *Diario 16*, capta el momento, pero no es consciente de lo que su cámara ha atrapado hasta que revela las fotos. En las instantáneas se ve claramente el pene de Butragueño, al aire, escapado de su calzón (a pesar de que llevaba *slip*, diría luego el delantero). El director de la revista, Pedro J. Ramírez, decide publicar la foto en portada (guasa) y, al día siguiente, el lunes 15, llega a los quioscos para solaz y comidilla de toda España. Se agotaron todas las tiradas. A continuación, la revista *Don Balón* sacó en su siguiente número tres fotografías de lo mismo bajo el titular «La erótica del regate» (más guasa), y el veinticuatro de diciembre salió además, para rematar la jugada, en la publicación estrella de los semidesnudos, el semanario *Interviú*.

Semejante expectación sólo se explica por la novedad que supuso sacar el desnudo masculino del ámbito del espectáculo «culto» (el cine, el teatro) y llevarlo a la cotidianidad popular que el fútbol supone. No hubo quiosco ni corrillo ni pueblito de España al que el pene de Butragueño no llegara, porque, ¿hay algo más cotidiano y popular que el fútbol?

Sí, lo hay: la tele. Pero eso se resolvería un año después

cuando a Sabrina Salerno se le salió (¿también fortuitamente?) un seno mientras actuaba en la gala de fin de año de Televisión Española, en una imagen que anduvo de la Ceca a la Meca y quedó en la memoria colectiva ochentera. Fue precisamente la cantante italiana quien vinculó los dos involuntarios destapes cuando declaró para la portada de la revista *Pronto*: «A mí quien me va es Butragueño. A él se le salió una cosa y a mí otra».

La hombría no se muestra, se demuestra
con los actos y con el comportamiento.
La hombría no es cosa de un momento
concreto ni de una sola gesta.

La hombría tan sólo se manifiesta
una vez transcurrido mucho tiempo
resistiendo, sufriendo y combatiendo
de frente, sin descanso y sin protesta.

«Basta tener un paquete decente»
—piensa por lo bajo la mayoría—,
mas lo piensa equivocadamente.

Pero hablando de esa otra hombría,
la de la entrepierna, quedó patente
que Emilio Butragueño... la tenía.

Catorce de diciembre del ochenta y seis,
partido de liga contra el Espanyol,
el Buitre en contraataque perdió el control
y lo que se le salió… ya lo sabéis.

«No pude metérmelo, ¿qué queréis?
era una clara oportunidad de gol»
—respondió Butragueño con voz bemol—
y fue portada en *Diario 16*.

El suceso creó un gran debate
sobre el tema de la falta de igualdad
en los años del ibérico destape.

Pero ellas tuvieron su oportunidad
de alcanzar el deseado empate,
con Sabrina, la siguiente Navidad.

Fin de año del año ochenta y siete,
Sabrina baila en el plató, discreta,
cuando salta de su escote una teta
ofrecida a los ojos cual banquete.

¡España entera presenció el destete!
Libre al fin del corsé que la sujeta,
la teta puso en pie la papeleta
de una réplica al viril paquete.

Y en mitad del mediático barullo,
para rematar tanto desvarío,
declaró la italiana con orgullo,

como quien responde a un desafío:
«a Butragueño se le salió lo suyo,
y hoy a mí se me salió lo mío».

LA GESTA DE «CASTRO»

Todo cuanto sé con mayor certeza sobre la moral y las obliga-
ciones de los hombres, se lo debo al fútbol.

—Albert Camus

Menos conocido que su hermano Enrique Castro «Qui-
ni», Jesús Castro «Castro» (1951 – 1993) fue portero en La
Liga española, siempre en el Real Sporting de Gijón donde
jugó trece temporadas en Primera División, de 1970 a 1985,
consiguiendo un subcampeonato de liga y dos de la Copa
del Rey.

Falleció tristemente en la playa de Amió (Pechón, Can-
tabria), donde se ahogó tras conseguir salvar la vida de un
ciudadano inglés y sus dos hijos. Con un arrojo encomiable
consiguió sacarlos a los tres. El mar, en cambio, se lo tragó
a él.

Hoy, un monolito y una placa recuerdan en la propia
playa el triste suceso.

Semejante gesta se merece el modesto tributo de un
soneto.

No pensar en sí, sino en equipo.
Ser generoso, audaz y valiente.
Encararse al destino, ir de frente,
y no vacilar en jugarse el tipo.

Ignorar al árbitro y su pito.
Ignorar a la crítica y la gente.
Mostrarse a todo eso indiferente
y ser, al fin, valiente —lo repito—.

Cómo ibas a imaginar, amigo,
que el que fuera tu último partido
terminara en tu contra tres a uno.

Hacer lo que hay que hacer, esa es tu suerte;
te metiste en el área de la muerte:
salvaste a tres, pero murió uno.

MÁGICO GONZÁLEZ

Estoy arrepentido del noventa y nueve por ciento de todo lo que hice en mi vida, pero el uno por ciento que es el fútbol salva el resto.

—Maradona

Impasible el ademán, siempre humilde, pero impertérrito (y también algo tímido) no hubo quien le hiciera moverse ni un centímetro de su posición vital. Hizo siempre lo que quiso, como quiso, y, al cabo de los años, ya retirado, le preguntaron si se arrepentía de algo y dijo llanamente: «no».

Pudo haber sido un Pelé o un Maradona, pero no quiso. No entraba en sus planes, porque, sencillamente, él no hacía planes.

Vivía al día y parecía que jugaba a la pelota como un niño, solamente por diversión. Parecía como si temiera que, si se tomaba el balón en serio, este le negaría su magia y él sería entonces como los demás jugadores.

Le faltaba disciplina, desde luego, pero él se abandonaba a los designios de los dioses, de la inspiración divina que le caía sobre la cabeza, pero que, al final, recalaba siempre sobre sus pies vestidos con tacos futboleros.

Sin duda era un artista, un Picasso del balón, un Curro Romero del córner, un Dalí a balón parado, un Morante del regate múltiple… Y como tal, como artista, siempre fue esclavo de su propio ánimo. No obstante, como suele pasar

45

con los genios, detrás de su magia se escondía una sorprendente técnica.

Onésimo Sánchez, compañero suyo en el Cádiz, dijo que, jugueteando, llegó a meter diez de diez goles de córner a la escuadra contraria. Y David Vidal, entrenador suyo en el Cádiz, decía que el tacto que tenemos todos en la yema de los dedos lo tenía él en el pie. Dicen que hasta Maradona llegó a afirmar que Mágico (1958 -) era mejor que él. No es exacto, pero casi: lo que sí ha quedado registrado por las cámaras, durante una rueda de prensa, es a Maradona diciendo que Mágico está entre los diez mejores jugadores de todos los tiempos.

Con semejante calidad técnica las oportunidades no le faltaron: el París Saint-Germain pujó por él ochenta millones de pesetas de la época tras verlo jugar con la selección de El Salvador durante el Mundial 82, pero él simplemente no se presentó a la reunión. «Un idioma desconocido, una ciudad tan grande…», aducía.

También el Barça de Maradona se interesó por él ya estando en el Cádiz y se lo llevaron de gira por los Estados Unidos, donde pudo demostrar su clase sobre el césped, pero sonó la alarma de incendios del hotel californiano donde se alojaban y los bomberos le hallaron en el ya evacuado edificio dentro de la cama con una camarera… su indisciplina asustó al Barça y volvió al Cádiz. Posteriormente, el italiano Atalanta de Bérgamo le ofreció cien millones de pesetas. Mágico entonces preguntó: «¿Hay *pescao* frito allí? Pues no me voy». Así lo contaba su compañero Kiko Narváez.

Todos los méritos que ganaba dentro del campo los perdía fuera. Uno de sus problemas era que dormía demasiado, quince o dieciséis horas del tirón, según su entrenador David Vidal, quien cuenta cómo en cierta ocasión entró en una discoteca y Mágico, que estaba allí, temiendo que el entrenador le pillara, se escondió en la cabina del *discjockey*, se quedó dormido, cerraron la disco y allí despertó al día siguiente.

No se sabe si esa facilidad suya para dormir se debía a una necesidad fisiológica o si era fruto de sus frecuentes trasnoches, aunque, a juzgar por el testimonio de sus vecinos, debía ser más bien lo segundo: un feligrés del entorno del Isecotel cuenta cómo cierta madrugada, a eso de las cinco, Mágico regresaba de una de sus fiestas y llamó al señor del freidor de abajo, quien dormía dentro del local, para que le subiera un pollo asado frío. Otro, cuenta cómo en otra ocasión, al verle regresar de madrugada, le dijo: «Mágico, que mañana juegas a las cuatro de la tarde», a lo que el Mago respondió: «No te preocupes que marcaré dos goles». Y, efectivamente, al día siguiente Mágico salió al césped, marcó dos goles como quien respira, y regresó al banquillo a arrellanarse tranquilamente tras haber resuelto el partido para el Cádiz.

La genialidad de Mágico solo era superada por su indisciplina. Era un verso suelto dentro de un juego que se juega en equipo, y por eso no tuvo cabida en ningún otro club salvo en el Cádiz, donde su afición se enganchó a él como a una droga que proporcionaba felicidad, que resolvía partidos y que regalaba a la grada gloriosas dosis de esperanza. La afición cadista, ávida de esos minutos de gloria que el Mago sabía ofrecer a sus vidas cada domingo, presionó al club de tal manera que este comulgó con ruedas de molino por tal de mantenerlo, llegando a poner a un empleado dedicado a despertarle para ir a los partidos y llegando a sancionar al genio con cuantiosas multas cada vez que faltaba a los entrenos o era pillado en una juerga. Sanciones que Mágico pagaba con gusto con tal de no perder su libertad. «Al final le voy a perder dinero al fútbol», dijo. «¿Dinero? ¿Qué es el dinero, míster?», decía también.

Pero además de genial e irresponsable, Mágico era un hombre bueno, inocente y desprendido, y esto es algo en lo que coinciden cuantos le conocieron y que eleva al personaje a los altares del cariño colectivo. En Cádiz todos lo saben: Mágico dejaba siempre mal aparcado su Ford Escort descapotable (un cochazo por entonces) y, cuando venían a avisarle de que la Policía local estaba multando, le tiraba las llaves a cualquiera y le pedía que se lo aparcase bien. Todos siempre devolvieron las llaves y Mágico nunca dejó de dar sus generosas propinas.

Más allá de ser un genio del balón, un inspirado artista tocado de «la Gracia» que pudo haber llegado a ser lo que no quiso, Mágico se convirtió en un héroe moderno de la ciudad de Cádiz, urbe trimilenaria que se lo perdonó todo a este nuevo Hércules, y que le abrió su corazón y todos sus bares hasta las horas que él quiso, recibiendo por pago las memorables jugadas que a la tarde siguiente él ofrecería.

Para la eternidad queda este vínculo singularísimo entre un artista del fútbol y una afición, entre un hombre sencillo y una ciudad, entre la Ciudad de la Luz y la Sal y un señor llamado Jorge González «Mágico». El mago del balón.

Golfazo formidable;
juerguista imbatible;
noctámbulo terrible;
crápula insuperable.

Fiestero incansable
de arte irrepetible;
ilusionista increíble
de imposibles malabares;
en el césped y en los bares
era igualmente temible.

Si eficiencia es el cociente
del resultado obtenido
entre el esfuerzo invertido,
la conclusión es patente:

no hubo más eficiente
delantero, ni más diestro,
que este ecléctico maestro,
este mago tarambana,
que goleaba aun sin ganas
y con el mínimo esfuerzo.

Este mago siempre hizo
lo que le daba la gana.
«Planes no, mejor mañana».
Vivió al día como quiso.

Sabía darle el preciso
hechizo a cada balón.
No tienen explicación
los milagros ni la magia,
simplemente nos contagian
la fe en la religión.

Religión que se practica
en las gradas del Carranza
—catedral salada y blanca
como blanca es la Tacita—.

Toda la afición gadita
se rinde en culto fanático,
al eterno catedrático
de los goles imposibles:
al artista irrepetible
que en Cádiz llaman «Mágico».

EL FALLO DE JULIO SALINAS

El fútbol es un juego emocionante que,
sin embargo, no tiene corazón.

—Jorge Valdano

Julio Salinas (1962 -) tuvo una dilatada y exitosa carrera como delantero durante veinte años, de 1980 a 2000, jugando para múltiples equipos de La Liga española (Athletic Club de Bilbao, Atlético de Madrid, F. C. Barcelona, R. C. Deportivo de La Coruña, Real Sporting de Gijón y Deportivo Alavés) y para el Yokohama F. Marinos, de la liga japonesa, donde jugó dos años. Fue, además, cincuenta y seis veces internacional con la selección española.

Le tacharon de desgarbado, de desequilibrado (no mental, sino físicamente, es decir, falto de equilibrio). Fue un heterodoxo que enredaba el balón hasta convertirlo en una madeja que sólo él sabía desenredar, a tal punto que su apellido llegó a emplearse como adjetivo para calificar a cualquiera que marcara un gol inverosímil o fallara una oportunidad muy clara.

Fue amado por lo imposible y odiado por lo posible. Y, sobre todo, recordado por aquel fallo en el minuto ochenta y cinco, delante del guardameta italiano Pagliuca, que le costó la eliminación a la selección española en el Mundial USA 94.

Resulta injusto que de una carrera tan brillante se guarde en la memoria colectiva precisamente un error, pero el fútbol, al igual que la vida, no es en absoluto justo: en un segundo, el todo o la nada.

En lo que dura un aliento, un pulso del corazón, te acepta o te rechaza una novia, ganas o pierdes unas oposiciones, te toca o no un cupón millonario, pasas o no una entrevista de trabajo… o marcas o fallas el gol que te llevará al frenesí ciego de la victoria o al silencio mudo de la derrota. La vida, como el fútbol, es un examen permanente, una apuesta continua.

Como dijo cierto docto futbolero cordobés: «El fútbol es una vida resumida en noventa minutos».

A veces se me enredan las palabras,
igualito que un balón entre los pies,
y no atino al derecho ni al revés
a soltar la red que las amarra.

A veces las palabras se me agarran
a la lengua, que se cuza de través,
como se cruza el pase entre los pies
y se enreda y se lía y se abigarra.

—Pobre poeta— busco la salida
a un laberinto de métrica y rima.
¿Por qué no habría de encontrarlo yo?

Como la encontraba, en loca huida,
entre mil regates, Julio Salinas,
quien siempre acababa tirando a gol.

El hecho de fallar un gol cantado
bien pudiera sucederle a cualquiera,
y a la postre, no hay peor manera
ni más injusta de ser recordado.

Tras tanto trabajo, tan esforzado,
mi corazón de poeta espera
como el tuyo —Salinas— la quimera
de un juicio justo y un fallo perdonado.

Es en vano —Julio— es demasiado
pedir a aquellos del noventa y cuatro
que perdonen aquel último minuto.

Pedirles compasión para el que ha errado
(que la vida, como el fútbol, es teatro),
y que a todo lo demás rindan tributo.

GIL Y GIL

El fútbol es popular porque la estupidez es popular.

—Jorge Luis Borges

Jesús Gil y Gil (1933 - 2004) fue presidente del Atlético de Madrid de 1987 a 2003, alcalde de Marbella de 1991 a 2002 y uno de los personajes que más animó el patio futbolero (y político) de finales de siglo.

Era uno de los tres mosqueteros del populismo del momento, junto a sus contemporáneos Mario Conde y José María Ruiz-Mateos. Los tres amasaron fortuna, los tres participaron en la política nacional como versos libres y los tres habitaron la cárcel. Solo dos de los tres, Gil y Ruiz-Mateos, se introdujeron en el mundo del fútbol, y solo dos de ellos, esos mismos dos, se liaron a mamporros con alguien frente a las cámaras de televisión.

Los discursos de estos tres personajes (sin ser ideologías; no llegaban a tanto) presentaban los mismos rasgos comunes: demagogia, negación de la política y antielitismo, entendido este como la lucha contra la clase o «casta» política, que para ellos era corrupta por naturaleza, y de la que ellos venían a salvarnos como «lancelotes» que, a la postre, acabarían en el talego precisamente por corrupción en cualquiera de sus formas: fraude a la Hacienda pública, evasión de capitales, estafa, etcétera.

Y en medio de este panorama el discurso que Jesús Gil

paseó por todos los estadios de España era estridente, insultante e hiriente, e incluía además todos los «-istas»: era sexista, racista, machista, derechista y franquista, a pesar de que los «-islas» se los atribuía él a los medios de comunicación a los que calificaba de «sensacionalistas, terroristas y amarillistas» (sic).

Las anécdotas respecto a sus declaraciones públicas son incontables.

Durante un pleno municipal en Marbella se refirió a la concejala del PSOE Isabel García Marcos como «puta» y, en otra ocasión, a la periodista Carmen Rigalt como «jinetera del periodismo». Pero la más auténtica y esperpéntica declaración que Jesús Gil realizó nunca fue, no en español, sino en inglés. Un inglés macarrónico, pero inglés al cabo.

Era la temporada 1995-96 y el Atlético de Madrid jugaba los octavos de final de la Champions frente al Ajax de Van Gaal. El partido de ida finalizó en el Ámsterdam Arena con empate a uno y, a su conclusión, Gil declaró: «Los negros del Ajax... Eso parecía el Congo, dicho con todos los respetos. Miraba a un lado y había cuatro negros calentando, miraba a otro y había cinco, y en el campo otros tres. Salían negros de todas partes, como si fuera una máquina de hacer churros. Y conste que no soy racista».

Después, se vio obligado a pedir excusas en rueda de prensa en inglés, y en «su» inglés dijo: «I am white. No problem. (Ahora)... I think that... (excuse me)... I think that you, black, and say black, black, black all days... It is very bad».

Fueron peores las excusas que la declaración que las provocó.

El estilo de Gil era además vulgar, hortera y pretencioso. Y Gil elevó lo *kitsch* al paroxismo con su programa televisivo *Las noches de Tal y Tal*, donde se exhibía, orondo, a pecho descubierto luciendo cordón de oro, en burbujeante *jacuzzi* y rodeado de hermosas jacas (*mamachichos* de Berlusconi) y caballos cartujanos (el célebre corcel Imperioso). Y allí, y de esa guisa, tomaba el auricular de un teléfono y, simulando una conversación más que falsa, nos enseñaba a todos qué medidas había que tomar para gobernar por derecho un club, un ayuntamiento o, directamente, España.

Insultos, sopapos, broncas, tías buenas, *jacuzzis* y caballos, todo ello reunido y aliñado, es lo que se dio entonces en llamar «el Gilismo».

Alcalde, presidente y hombre fatal,
sexista, machista, racista y franquista,
no le faltaba ni un solo «-ista»
y en su Atleti era siempre carnaval.

Con sus noches de Telecinco y Tal y Tal,
su *jacuzzi*, sus buenorras, sus artistas,
su Imperioso, sus chicas de revista,
y su Grupo Independiente Liberal.

Como político, que también lo fue,
abrazó un neoliberalismo
adaptado a su manera de ser.

Su doctrina se denominó «Gilismo»
y se preguntarán que eso qué es.
Pues el Gilismo solo fue… Gil mismo.

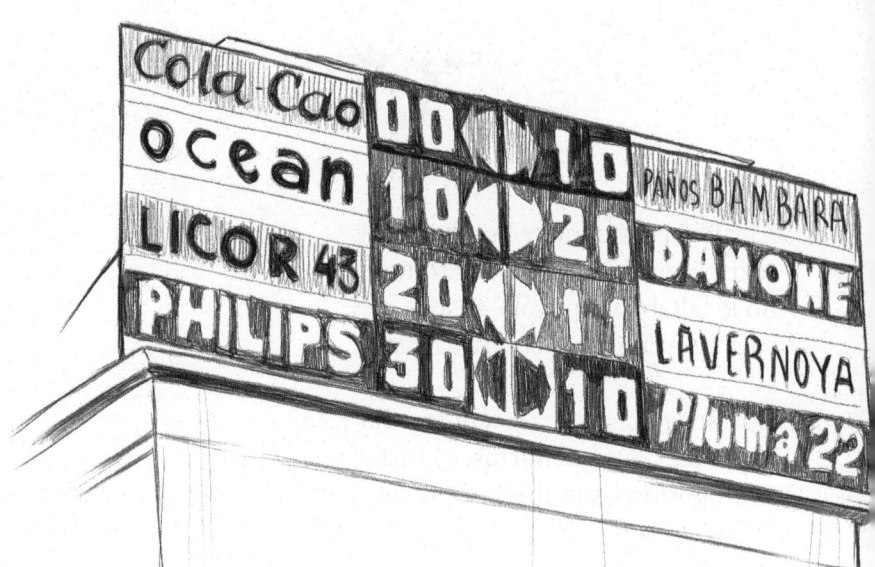

EL MARCADOR SIMULTÁNEO DARDO

El tipo puede cambiar de todo: de cara, de casa, de familia, de novia, de religión, de Dios... pero hay una cosa que no puede cambiar: no puede cambiar de pasión.

—Eduardo Sacheri

Hoy día todo el mundo va con el móvil pegado a la oreja, y en los campos de fútbol, también. Pero antes de la invención del teléfono móvil, lo que se pegaba a la oreja de la gente, sobre todo en los campos de fútbol los domingos por la tarde, era el transistor. Y antes de que la tecnología alcanzase a ofrecernos transistores de tamaño bolsillo, ¿cómo podía saber la afición de un determinado equipo los resultados que se estaban gestando en los demás campos en ese preciso instante? Téngase en cuenta que antes sólo había fútbol los domingos por la tarde y, por tanto, el resultado de la quiniela que cada cual llevaba en el bolsillo se decidía en esas pocas horas mientras cada uno estaba viendo el partido en el campo de su propio equipo. ¿Cómo esperar a la prensa del día siguiente para saber si uno era ya millonario o no? Eso no era necesario gracias a un ingenioso artilugio que pobló los estadios de fútbol españoles de 1951 a 1980: el marcador simultáneo Dardo.

La idea la importaron desde Argentina el publicista

Federico Bonet y el propietario de la agencia publicitaria Dardo, Rufino Fraile, suegro —por cierto— del célebre periodista deportivo José María García. Se implantó en La Liga española durante la temporada 1951-52 para informar de los resultados de los partidos de la primera división en todos los estadios simultáneamente. En el marcador cada anunciante patrocinaba el resultado de un encuentro, pero parecían los patrocinadores los oponentes del encuentro mismo. Así, podía leerse en el marcador de cada estadio, por ejemplo: Danone 0 - 0, Philips 0 - 3, Reloj Radiant 1 - 2, etc. Además, se daban informaciones adicionales sobre los partidos mediante un código de colores: rojo, penalti en contra; negro, jugador expulsado, etc.

Murió el Dardo en los años 80 sustituido por los marcadores electrónicos del Mundial 82 y por los transistores de bolsillo, ya al alcance de casi todos. Hoy solo nos queda su recuerdo impreso en esas estampas tan curiosas de partidos imposibles: Vermouth Cinzano 0 - 0, Colchón Flex 1 - 2...

Coca Cola va ganando
a cerveza San Miguel,
y Fundador va perdiendo
contra Brandy 103.

Cola Cao le ha metido
dos a uno a Nescafé,
y Nivea va a penaltis
contra Bálsamo Bebé.

Pikolin va cero a cero
empatando a Colchón Flex...
Estarán dormidos ambos
en sus sueños de laurel...

Y concluido el encuentro
de Suchard contra Nestlé,
sin dulzura ni mesura
le ha colado cero a tres.

Resultados como aquellos
no volveremos a ver,
de partidos imposibles
escritos en el cartel
del marcador simultáneo,
el curioso invento aquel
de los anuncios de Dardo,
con sus números de panel
y con sus claves secretas
colgadas del anaquel:

El verde era descanso;
amarillo, el primer tiempo;
negro, partido acabado;
rojo, segundo tiempo;
blanco, penalti pitado,
o partido suspendido,
o jugador expulsado,
o bien final de partido...

Y así, todos enterados
de todo lo acontecido
y en tiempo real informados.

Que todo lo sucedido,
sin móvil ni transistor,
el Dardo nos lo ha contado.

MÍCHEL Y VALDERRAMA

Marcar goles es como hacer el amor, todo el mundo sabe cómo
se hace, pero ninguno lo hace como yo.

—Alfredo Di Stefano

Estadio Santiago Bernabéu, 8 de septiembre de 1991. Real Madrid vs. Real Valladolid. José Miguel «Míchel» González (1963 -) vs. Carlos Alberto «Pibe» Valderrama (1961 -).

Durante este partido, que no tuvo nada de especial, se produjo un córner que no fue espectacular ni decisivo para nadie, pero que, en cambio, pasó a la historia.

Durante su ejecución los defensas merengues y los atacantes vallisoletanos se agolpaban en el área madridista marcando estrechamente los unos e intentando zafarse los otros. Míchel, que marcaba muy de cerca al Pibe Valderrama, se coloca a su izquierda y de repente avanza su mano diestra hacia el calzón del centrocampista colombiano y le toca la entrepierna. Ante el estupor de Valderrama, Míchel repite la jugada por segunda vez mientras el colombiano permanece con los brazos en jarras mirando hacia abajo, hacia lo suyo.

Con esto, el madridista trataba de distraer la atención de su contrincante del córner que estaba a punto de lanzarse, y molestarlo. Este tipo de artimañas eran y son frecuentes en los partidos, pero, como luego manifestaría

Emilio Butragueño, «lo que pasa en el campo, se queda en el campo».

El episodio no llamó la atención hasta que, al día siguiente, salieron a la luz las fotos en la prensa y los vídeos en la televisión, mostrando la escena y dando lugar a un antológico escándalo que fue la comidilla de toda España durante meses y que arremetería especialmente contra Míchel, a quien empezaron a corearle en los estadios la cantinela «Míchel maricón».

Al cabo de los años, ya con Valderrama retirado y con Míchel ejerciendo de entrenador, el episodio aún se recuerda, tanto es así que en 2017 fue rememorado por el propio Valderrama con motivo de una campaña de prevención del cáncer testicular que promovía un autoexamen para su detección. Durante el anuncio televisivo, el Pibe describía cómo Michel le palpó y añadía: «No sentí dolor, pero un poco me emputé (molesté). Si hubiera sentido dolor, tendría que haber consultado al médico, porque así se puede detectar a tiempo un posible cáncer testicular. Por eso, mi amigo, quería darte las gracias por haberme tocado los huevos en tres simples pasos, como deberíamos hacer todos para prevenir el cáncer testicular. Gracias, Míchel».

Tras el escándalo, Míchel tuvo que hacer frente a una sanción económica «por falta de decoro» (sic) y cargar con un sambenito toda su vida. Ahí quedó todo y hasta salió, al cabo, algo bueno de la anécdota.

Hoy, treinta y tantos años después, cabría preguntarse cómo pudo montarse tanto revuelo por tan poco y cabría sorprenderse al mirar atrás y contemplar cuán puritanos éramos… pero no. Ocurre todo lo contrario: ¿se imaginan hoy día, bajo la actual corrección política, inmersos en la cultura «de género» y bajo la ley del «sólo sí es sí» un episodio como aquel? ¿Qué sanción le hubiera caído hoy día a Michel? ¿Quizá una pena privativa de libertad?

A lo mejor es que a veces evolucionamos y otras veces

involucionamos. O a lo mejor es que entre periodos de evolución y de involución vamos dando vueltas a un círculo eternamente condenado a repetirse, una piedra de Sísifo que llamamos Historia.

Dijo a Valderrama, Míchel,
tras de salir en la foto:

Es deber y no afición;
yo «eso» nunca lo toco;
que a la coquilla de otro
no le tengo devoción.

Este ardid de distracción
funciona y se nota poco:
en medio del alboroto
se hace con disimulo,
palpando al contrario el culo…
o palpándole lo otro.

Le respondió Valderrama
en un tono poco amable:

Es un acto deleznable
trincarle a otro el paquete
colocándole en un brete
tan mezquino y deplorable.

Y además, penalizable:
si por tocar con la mano
una bola te pitan «mano»,
a ti, por lo que tocaste,
bien debieron de pitarte,
como poco, «doble mano».

Tras escucharlos a ambos,
después intervine yo:

Haya paz entre los dos,
no hay mal que por bien no venga,
ni han de dolernos prendas
en obras de guerra ni amor.

No socavará el honor
habiendo una buena razón,
y merecerá el perdón
palpar el escroto ajeno…
que algo traerá de bueno
una buena palpación.

LA MANO DE DIOS

El único gol de cabeza importante que marcó Maradona fue con la mano.

—Pelé

Los primitivos próceres del balompié español, aquellos adelantados *gentlemen* de largos calzones y bigotes amplios que a finales del siglo XIX empezaban a patear un balón de cuero en Riotinto y Nerva, a la sombra alargada de la todopoderosa Río Tinto Company, seguramente verían reprobable meter la mano en el remate de aquella jugada del Argentina - Inglaterra de los cuartos de final del Mundial de 1986. Pero los golfillos bonaerenses que regatean las miserias de la antaño potencia argentina y hacen «lambrettas», espuelas y chilenas con balones de trapo en las calles de Villa Fiorito o de La Boca, y rezan a sus dioses en el olimpo de La Bombonera, de seguro hallarán un gran mérito en la picardía de Maradona (1960 - 2020), quien con tanta poca vergüenza y picaresca dio la vuelta a las tornas del destino.

Que se ponga digno el que pueda. Cuando la necesidad aprieta hay que despabilar y andar a salto de mata con las oportunidades que raramente se presentan. Así son las cosas. Debió ser el hado, el destino, o «la mano de Dios», ya que en aquel entonces aún no se había creado «el ojo de Dios» (el VAR).

Cuatro minutos más tarde del engaño y cuatro años

después de la derrota argentina en la Guerra de las Malvinas, el mismo caradura regateó a cinco contrarios ingleses y al guardameta, y sentenció el encuentro con uno de los mejores goles de la Historia, consiguiendo así para su patria el desquite sentimental frente a Inglaterra. Víctor Hugo Morales lo narró así en una retransmisión que también quedó para la eternidad: «Barrilete cósmico… ¿de qué planeta viniste para dejar en el camino a tanto inglés, para que el país sea un puño apretado gritando por Argentina? Gracias, Dios, por el fútbol, por Maradona, por estas lágrimas, por este Argentina 2 – Inglaterra 0».

Dios luce camiseta enlistada, a rayas
blancas como la Luz y celestes como el Cielo,
y en vez de aura, una cierta bola de pelo
o pelusa que le distingue adonde vaya.

Dios no es británico, es algo más sureño,
y no toma el té de las cinco, sino mate,
y no hay quien le calle, le aguante ni le trate
porque, como todos saben, Dios es porteño.

El dios del fútbol no es el dios de los poderosos,
de los hijos del Imperio de la Gran Bretaña,
es el dios de los hijos de Italia y de España
que arribaron al Plata hambrientos y animosos.

Este dios no se sienta en un porche alto, inglés,
a contemplar sus minas, colonias y plantaciones,
sino que juega pachangas en los callejones
de Cádiz, Nápoles, Buenos Aires o Jerez.

Este dios ama a los pibes traviesos y pillastres
que acechan por el boliche y el colectivo,
y desdeña a los boludos y a los falsos divos,
a los chetos, a los repipis y a los cobardes.

Porque como ya sabe todo buen cristiano,
el dios del fútbol favorece a los osados
y les beneficia y se pone de su lado,
y si hace falta, hasta les echa… una mano.

LOS PARTIDOS
DEL RECREO

Convertirse en futbolista es solo la primera mitad de la oración silenciosa que un niño ofrece al Cielo. La segunda parte es el nombre del equipo para el que quiere jugar.

—Andrea Pirlo

No sé si Churchill hizo justicia a Italia cuando dijo que los italianos pierden guerras como si fueran partidos de fútbol, pero de lo que sí doy fe es de la segunda parte de la cita del *premier* británico: los italianos pierden partidos de fútbol como si fueran guerras.

El apasionamiento en el fútbol italiano es enorme y el enconamiento entre las aficiones rivales también.

Y esto lo constaté nada más poner los pies en Roma acompañado de mi hijo Marcelo, quien vestía una camiseta de su equipo, el Sevilla F. C.

Los camareros le chocaban los cinco, le despeinaban el flequillo y se hacían fotos con él jaleándole: «¡Bravo Siviglia!» y «¡Forza Lazio!». Todos ellos eran seguidores del Lazio y esas efusivas felicitaciones eran nada más por fastidiar a sus compañeros del Roma, el otro equipo de la Ciudad Eterna, que acababa de perder la final de la Europa League contra el Sevilla apenas tres meses atrás.

Los pobres camareros del Roma soportaban

estoicamente las chanzas y las fiestas que sus compañeros del Lazio hacían a mi hijo, meneando la cabeza en círculos mientras ponían la mano diestra con las yemas hacia arriba, en un gesto de desaprobación muy italiano. Alguno incluso se llevó el dorso de la mano a la barbilla y desde ahí lo lanzó con fuerza hacia delante exclamando: «¡*Bo*!», en un expresivo gesto que en el riquísimo lenguaje corporal italiano debe significar algo así como: «¡que te den!».

«El enemigo de mi enemigo es mi amigo», reza el viejo proverbio que le vendría como anillo al dedo a don Winston.

Esto nos dio que pensar y nos puso en un brete a los dos, pues unos días más tarde nos veríamos con un querido amigo romano, Massimiliano Donati, cuya familia es seguidora del Roma desde hace al menos tres generaciones.

El principio del encuentro fue un poco tenso porque el tema de la final de la Europa League inevitablemente surgiría, pero cuando finalmente surgió, en seguida todos nos refugiamos en el verdadero sentido de la afición futbolera, que hallamos —cómo no— en los recuerdos de la infancia, en las pachangas de barrio y en los partidos improvisados de patio de colegio.

Fue muy agradable descubrir que las leyes que rigen el fútbol callejero son universales; casi idénticas en Italia y en España. Leyes tales como: no existe el fuera de juego, solo es falta si alguien sale llorando o si llegan los mayores para jugar hay que abandonar inmediatamente el campo.

Al final va a ser verdad que la verdadera patria es la infancia y hasta podremos soñar que el fútbol, tan competitivo y fragmentado en países, clubes y banderas, puede también llegar a entenderse como una patria común, como un lugar donde encontrarse y disfrutar —juntos— casi tanto como en aquellos partidos de patio de recreo. Ojalá.

Los partidos del recreo
del cole eran milagros
no aptos para ateos.

Porque era cuestión de fe
jugar en un mismo campo
diez partidos a la vez.

Diez partidos, diez balones,
en solo dos porterías
con ciento diez jugadores.

Cada cual reconocía,
entre todos, su balón,
y tras de ese corría.

También se identificaba
al propio y al contrincante
sin camisetas ni nada.

Pues no cabía ni ley
ni árbitro en el recreo
de la futbolera grey.

Y no era improvisación
que una ley universal
marcara la alineación:

Los buenos, de delanteros,
los mediocres, de defensas,
y el gordo siempre el portero.

Eran los dos mejores
siempre los que elegían
al resto de jugadores.

Siendo al cabo los más buenos
aquellos que resultaban
los elegidos primero.

Y el más infeliz azar
que a pesar de tus protestas
te eligieran al final.

El gordo es portero, pero…
si hay penalti se le quita
y se pone al más bueno.

De portería bastaban
dos mochilas, o dos piedras,
o dos chaquetas de chándal.

Solo se pitaba falta
si alguien salía llorando
o si era clara patada.

Los derbis más enconados,
contra el eterno enemigo:
¡los de la clase de al lado!

Corrían a mogollón
los dos equipos completos,
todos detrás del balón.

El partido se acababa
cuando el dueño del balón,
aun sin causa, se enfadaba.

Y lo cogía del tirón
bajo el brazo, provocando
general indignación.

O terminaba si al cabo
de un rato de frenesí
quedaban todos cansados.

O si el temible pitido
de la sirena del patio
abortaba el partido.

El partido se acababa,
pero luego, en el aula,
la prórroga se jugaba.

En la imaginación
de cada cual, que soñaba
movido por su afición.

Con penaltis y con goles
tan ajenos a raíces
cuadradas y a ecuaciones.

Después hubo otros partidos
emocionantes, vibrantes,
disputados y aguerridos.

Pero según hoy lo veo,
nunca partidos más grandes
que aquellos de los recreos.

LA DESPEDIDA DE KEYLOR NAVAS

Yo me quedo con esa melancolía irremediable que todos senti-
mos después del amor y al fin del partido.

—Eduardo Galeano

«¡Key–lor! ¡Key–lor! ¡Key–lor!».

Coreaba la grada madridista el nombre del que fue su portero apenas dos meses antes y que ahora lo era del Paris Saint-Germain: Keylor Navas (1986 -).

Inaudito: ¡coreaban el nombre del guardameta enemigo!

Sucedió el 26 de noviembre de 2019 en el Bernabéu, donde Real Madrid y Paris Saint-Germain se enfrentaban en partido de la Champions League.

Navas regresaba a la que había sido su casa durante las cinco últimas temporadas, y en la que había dejado como recuerdo una Liga, una Supercopa de España, tres Champions League, tres Supercopas de Europa y cuatro Mundiales de Clubes.

Muchos no comprendieron (no comprendimos) por qué se le relegó a segundo portero en el Real Madrid, a pesar de sus resultados. ¿Es que además del buen hacer, del buen parar (balones), y del bien trabajar es necesario un punto más de *merchandising* (mercadería)? ¿Ha de ser así cuando se sube a las escalas estratosféricas a las que vuelan equipos como el Madrid?

Aquello supuso desolación para los que no somos «gente guapa», ni tenemos *glamour*, ni *piercings*, ni tatus, ni estamos a la moda ni en la pomada, pero nos consideramos y sentimos profesionales eficaces, cada uno en lo suyo.

Pero a pesar del signo de los tiempos, el suceso pasó: Navas había calado en la sensibilidad de la afición merengue. Una luz de esperanza para los criados en la cultura del esfuerzo, del buen hacer, de lo industrioso; no en la cultura del *marketing*, los *bloggers*, los *influencers*, y la apariencia hueca, demagógica y populista que hoy día se empeñan en alimentarnos.

No, señores, no. Así pasen mil años, mil globalizaciones y mil pandemias, un portero es un portero: un señor cuyo oficio es parar balones.

¿Será porque no vendes camisetas,
porque no exhibes bíceps tatuados,
porque no anuncias gayumbos apretados,
porque no luces *piercings* ni coleta?

¿Será que el *merchandising* y sus tretas
te han sacado la tarjeta, te han tirado
a un segundo puesto, relegado,
y es por eso que has hecho la maleta?

Todos saben en la Blanca Afición
que entre el par de postes y el larguero
cumplías como nadie tu misión:

ser muralla, tronera, burladero,
can Cerbero entre la red y el balón.
Que me expliquen, si no, qué es ser portero.

LA CENA DE CUERVAS
Y LOPERA

*Los italianos pierden guerras como si fueran partidos de fútbol
y partidos de fútbol como si fuesen guerras.*

—Winston Churchill

Sevilla es la vieja ciudad de las eternas dualidades; inmenso templo al maniqueísmo: ¿Belmonte o Gallito? ¿Macarena o Triana? ¿Semana Santa o Feria? ¿Cola o capa? ¿Morante o Aguado? ¿El Pali o Los Romeros? ¿Silvio o Triana?

Y ahondando un poco más: ¿la plaza luminosa o el patio sombrío? ¿La cofradía en la calle o el traslado en la capilla? ¿El bullicio del Real o la caseta privada? ¿El candor de la saeta o el escalofrío del silencio?

Los dualismos de Sevilla reflejan el contrapunto del territorio que el sensorio (y la conciencia) del sevillano habita: un espacio preciso entre la luz y la sombra, entre el ruido y el silencio, entre la vida y la muerte. Con su sed de eternidad y su apego a su pequeño paraíso (que diría Chaves Nogales), el sevillano deambula entre los dos extremos de su eterno y barroco dilema heredado hace ya cuatro siglos. Piedra de Sísifo que el sevillano carga, no sabemos si como castigo o bendición, y de la que la conciencia colectiva sevillana no ha sido capaz aún de desprenderse.

Y en la cima de todos los dualismos, cómo no, el más

cotidiano y sangrante: ¿Sevilla o Betis?

Innumerables son las anécdotas que ilustran la rivalidad futbolera sevillana, pero ninguna como la ocurrida la noche del 21 de enero de 1995, víspera del derbi que se celebraría al día siguiente en el Sánchez-Pizjuán. De hecho, aquel fue y sigue siendo el enfrentamiento entre directivas más tenso de la historia del fútbol andaluz.

Algo no calibró bien Rafael Almansa, director de Deportes de la Cadena Cope, cuando invitó a las directivas de ambos clubes a aquella cena de «confraternización» que acabaría como el rosario de la aurora, con la delegada del Gobierno en Andalucía, Amparo Rubiales, intentando interponerse entre los dos presidentes igualito que un adulto entre dos chiquillos enzarzados a mamporros. Aquí no hubo mamporros, pero sí cruces de insultos más que bochornosos.

El ambiente ya venía caldeado desde el mes de agosto anterior, cuando con motivo de la celebración del Trofeo Ciudad de Sevilla, las continuas trifurcas entre los dos presidentes, Luis Cuervas Vilches (1932 – 2002) y Manuel Ruiz de Lopera y Ávalos (1944 – 2024), desembocaron precisamente en la extinción del trofeo veraniego con aquellas declaraciones de Lopera: «nosotros no queremos más trofeo, no queremos más relaciones con Cuervas. Con el Sevilla lo que quieran, pero con este hombre ninguna relación». A esas alturas ya habían aparecido rotos los cristales tanto de los establecimientos comerciales de Cuervas como de las oficinas de Lopera.

Curiosamente, ambos próceres se criaron juntos, en el mismo barrio de Sevilla, El Fontanal, pero con cierta diferencia de edad, siendo Cuervas doce años mayor que Lopera. Respecto a esa vecindad compartida ya hizo el bético en su día unas declaraciones con bastante guasa: «Mis relaciones con Luis Cuervas son buenas. Incluso creo que me hice pipí en sus brazos cuando era chico», dijo Lopera.

Aun así, nada hacía presagiar que aquellos dos chiquillos, con los años, llegarían a llevarse tan mal, a soportarse tan poco, y mucho menos a lo que las cámaras de televisión grabarían durante aquella cena de «confraternización» que luego emitirían en primicia nacional al día siguiente: la primera vez que un presidente de un club de Primera llamaba a su homólogo «maricón» y este le contestaba «borracho».

No sé por qué aquellos dos muchachos
que se criaron juntos en El Fontanal,
terminaron sin hablarse, y tan mal,
y haciendo semejante mamarracho.

Siempre dio alimento al populacho
el insulto chabacano y teatral,
sobre todo si es el eterno rival
aquel a quien tocamos el… mostacho.

Uno le dijo al otro «maricón»,
y el otro le dijo al uno «borracho»,
ambos sin la menor contemplación.

Ninguno de los dos perdió ocasión
de hacer el ridículo sin empacho
cada cual más bribón y valentón.

Pero ¡vive Cristo Dios! ¿Qué sería
de tu mala leche y de tu ojana,
de tu mítica guasa sevillana,
sin estas cosillas… Sevilla mía?

No llegan nunca a más estas porfías
que se quedan en anécdotas vanas
que nos alegran todas las mañanas
siendo, al cabo, no más que tonterías.

Historias que se cantan sin reservas
y cuentan la historia verdadera
que la memoria popular conserva.

Locuras equilibradas y cuerdas:
si Cuervas dijo «maricón» a Lopera,
Lopera dijo «borracho» a Cuervas.

EL MARACANAZO

Un estadio de fútbol vacío es un esqueleto de multitud.

—Mario Benedetti

«Maracanazo» es sinónimo de chasco o decepción. Término acuñado en recuerdo de lo sucedido el 16 de julio de 1950 en el mítico estadio de Maracaná, cuando cerca de doscientos mil hinchas de la selección de Brasil pasaron de la samba al mutismo dejando el estadio en total silencio, como un esqueleto de multitud, a decir de Mario Benedetti.

Pero para entender qué pasó allí, vayamos a la víspera.

Era la cuarta edición de la Copa del Mundo de Fútbol y se celebraba en Brasil. La final la jugarían las selecciones de Brasil y Uruguay en el recién inaugurado estadio de Maracaná, el mayor construido hasta ese momento. Brasil venía de golear escandalosamente a sus rivales, 7-1 a Suecia y 6-1 a España, mientras que su oponente, Uruguay, solo pudo obtener un tímido 3-2 y 2-2, respectivamente, frente a los mismos oponentes. A Brasil le bastaba empatar para alzar la copa; era cosa hecha.

La prensa y la afición brasileña daban a su selección por ganadora, los principales diarios de Río de Janeiro ya tenían sus primeras planas impresas con el anuncio del triunfo carioca, había carrozas preparadas para formar una cabalgata de carnaval en celebración del triunfo, se habían vendido medio millón de camisetas con la leyenda «Brasil campeón

1950», las autoridades habían acuñado monedas conmemorativas con las caras de los jugadores de la selección local y a la banda de música que interpretaría el himno de la nación vencedora no se le entregó la partitura de Uruguay por no considerarlo necesario, pero sí una marcha triunfal titulada *Brasil campeón*, compuesta para la ocasión.

La euforia brasileña alcanzó incluso al cuerpo diplomático de la embajada de Uruguay en Río, quienes horas antes del partido visitaron a la selección uruguaya para animarles a obtener «una derrota digna» (sin goleada). Incluso el presidente de la FIFA, el francés Jules Rimet, llevaba en el bolsillo de su chaqueta un discurso en homenaje a los campeones escrito en portugués. Ese era el ambiente antes del partido.

Minutos antes de salir los equipos al terreno de juego, el estadio de Maracaná era un auténtico sambódromo, nunca se había visto una cosa igual: doscientos mil hinchas del Brasil, enfervorizados, frente a apenas un centenar de uruguayos en las gradas. En esos mismos minutos previos, en el vestuario de los visitantes, el entrenador del Uruguay, Juan López Fontana, instaba a su escuadra a replegarse y jugar a la defensiva a fin de evitar la goleada, pero el capitán del equipo, Obdulio Varela, una vez se hubo ido el entrenador, contravino sus órdenes y alentó a sus compañeros a jugar al ataque como única manera de evitar el desastre: «Juancito es un buen hombre, pero ahora se equivoca», dijo.

El primer tiempo trascurrió sin goles y la hinchada de la Canarinha, que esperaba una goleada, se consolaba sabiendo que un empate les bastaba para proclamarse campeones. En el minuto 2 del segundo tiempo marcó Friaça para Brasil y la algarabía invadió el estadio. El capitán charrúa, Obdulio Varela, reclamó entonces al árbitro fuera de juego —a sabiendas de que era inexistente— con la intención de crear dudas, perder tiempo, y «enfriar» así al público. Ni siquiera sus compañeros uruguayos sabían qué hacía su capitán discutiendo con aspavientos ante el árbitro inglés George Reader, pero la treta funcionó y Varela logró enfriar el partido hasta que, en el minuto 21, Schiaffino marcó para Uruguay consiguiendo el 1-1.

A partir de ahí, Uruguay alcanzó a frenar los ataques de Brasil, que buscaba el desempate a la desesperada animada estruendosamente por su hinchada que, aun sabiéndose ganadora en el empate, exigía la victoria a sus héroes. Pero en el minuto 34, para sorpresa de todos, Julio Pérez sentenció el 1-2 para Uruguay y entonces se obró el milagro del mutismo: Dios desenchufó el micrófono y la Tierra quedó en silencio. Un silencio tal en Maracaná que hasta los propios futbolistas uruguayos quedaron impresionados.

Los minutos restantes Uruguay acertó conteniendo la ofensiva brasileña y cuando el pitido del final de partido rubricó el 1-2 para Uruguay, en Maracaná solo hubo tristeza, incredulidad, frustración, decepción, llanto en muchos de los aficionados que abandonaban el estadio… y un pequeño grupo de seguidores del Uruguay, apenas un centenar, que celebraban su victoria como una gota de agua en la inmensidad de las gradas del colosal estadio carioca.

La estupefacción fue tal que la banda de música no emitió nota alguna, las autoridades locales no tuvieron ánimo para entregar la copa y hubo de hacerlo el presidente de la FIFA al capitán uruguayo en la banda misma del terreno de juego: un apretón de manos y la copa pasó de Rimet a Varela, sin más.

La resaca de la que se considera la final más dolorosa de unos mundiales de fútbol fue igualmente monumental: según algunos medios de prensa local hubo veinte suicidios tras el partido, según otros, setenta. La selección de Brasil estuvo dos años sin jugar ningún partido internacional y la camiseta blanca con cuello azul que llevaban no volvió a ser equipación habitual hasta la Copa América 2019, causa por la que nació felizmente la característica equipación amarilla del Brasil: la *canarinha*. A nivel institucional, el presidente de Brasil, Kubitschen, llegó a decir públicamente: «Aseguro que algo así no volverá a suceder en Brasil».

Querido lector:

Aquello fue como la primera vez que una chica te dijo «no», o como la primera vez que te dijeron «está usted despedido», o como la primera vez que diste la vuelta al cuestionario del examen y todas las preguntas eran de la parte del temario que no te dio tiempo a preparar.

Cuenta Pelé que aquel día del Maracanazo fue la primera vez que vio a su padre llorar. Tenía diez años y le prometió que algún día él ganaría un Mundial con Brasil… Toda una premonición.

Es un jarro de agua fría;
es inesperado chasco;
es inoportuno fiasco;
es derrota sin porfía.

Es un «no» sin agonía,
sin lucha ni forcejeo;
es bromuro ante el deseo;
es desdén ante el amor;
ante el hola, es adiós,
y es insomnio ante Morfeo.

Y es que este «no» tan dramático
nos deja cara de bobos,
sumergidos en el lodo,
boquiabiertos, ojipláticos.

«No» irreductible y fanático
dado de golpe y porrazo.
Un triste y vil gatillazo;
un mal coito interrumpido
a la mitad del partido.
Eso es un «maracanazo».

EL HOMBRE QUE TROPEZÓ DOS VECES CON EL MISMO FOSO

La noche me alucina. Además, se la recomiendo a todo el mundo. Aunque también hay que hacer cosas durante el día...

—«Mágico» González

Rinat Faizrajmánovich Dassáev, o Dasáyev en tártaro, nació en 1957 en Astracán (Unión Soviética) y desembarcó en Sevilla en 1988, donde en adelante sería conocido por la afición sevillista como «Rafaé».

Aquel 21 de noviembre de 1988 fue un día inolvidable para la capital andaluza: llegaba desde la URSS el mejor portero del mundo para incorporarse a la plantilla del Sevilla F. C. Era, además, el primer futbolista soviético que lograba cruzar el telón de acero gracias a la perestroika de Mijail Gorbachov.

«Rafaé» venía de ganar cinco ligas de la URSS con el Spartak de Moscú y de ser elegido durante seis años mejor portero soviético por la revista *Ogonyok*, además de Mejor portero del mundo por la IFFHS (Federación Internacional de Historia y Estadística del Fútbol). Su talento se dio a conocer en Occidente durante la Eurocopa del 88 donde solo Van Basten y Güllit pudieron abatirle.

La contumaz insistencia por ficharle del Sevilla F. C.

de Luis Cuervas tuvo que superar barreras hasta entonces desconocidas para los clubes de Occidente: semanas de negociaciones para conseguir sus permisos de salida de la URSS, arabescos regateos con la empresa Soviet Intersport (propiedad del Ministerio de Deportes Soviético) y hasta la obtención del visto bueno del mismísimo presidente Gorbachov. Y, para colmo, ¡hasta seguimientos del portero por parte del KGB!

Tras un mes de ajetreada estancia en Moscú y tres meses de negociaciones, la legación sevillista volvió con el fichaje bajo el brazo y con «Rafaé» en un avión.

Después de tanto palmarés y tantas peripecias, su llegada al aeropuerto de San Pablo de la capital hispalense fue apoteósica: «El Sevilla ficha al mejor portero del mundo», «Dassáev, por fin, fichado», «Dassáev, demasiado caro para el Sevilla», titulaba la prensa local.

Entre dos mil y tres mil aficionados se congregaron en el aeropuerto para recibir al guardameta. «Parecía una procesión de Semana Santa alabando al portero a su paso», contaba el diario *MARCA*. «Torero, torero», le gritaban al paso de la comitiva desde el aeropuerto al hotel. Diez kilómetros de coches con colores rojos y blancos les acompañaban.

Tanto, tanto… y todo quedó en nada. Toda expectativa acumulada se apagó como un pabilo de un manotazo. Todo quedó en un «maracanazo».

El portero que vino del hielo no pudo o no supo salir del gulag y adaptarse al calor, a la fiesta, al cachondeo sureño y al libre albedrío, y así su carrera fue cayendo irregularmente cuesta abajo hasta alcanzar fosas tan insondables como su ridículo autogol ante el Logroñés en La Liga 88-89.

Su carrera en el «mundo libre» finalizó el 6 de julio de 1990, apenas diecinueve meses después de su llegada en loor de multitudes, cuando de regreso de una de sus juergas, a las cinco de la madrugada y conduciendo un Citroën BX propiedad del club, la curva de la calle de La Rábida a la calle Palos de la Frontera se le hizo demasiado estrecha y a fuerza de querer estirarla y abrirla acabó con el coche dentro del foso del Rectorado de la Universidad Hispalense, a unos cuatro metros de profundidad bajo la cota del vial. Tuvo suerte de salir vivo de esa —según él mismo declaró—, pero la rotura de una mano finiquitó para siempre su carrera de cancerbero.

La leyenda negra sobre él, alimentada por sus fallos garrafales en el campo y por su merecida fama de noctámbulo y fiestero, le atribuye una segunda caída al mismo foso y en las mismas condiciones. Él siempre lo negó, pero en el inconsciente colectivo de la ciudad esa segunda caída fue ganando crédito hasta el punto de que cuando se desmiente alguien siempre puntualiza: «No llegó a caerse, pero la segunda vez también se le salió el coche y se quedó al filo del foso».

Aquella ocasión fue la única vez que Rinat Dassáev pisó una universidad. Aquel foso, lo más cerca que llegó a estar de los libros. Pero aseguran los sevillanos que fueron dos las ocasiones en las que el mejor portero del mundo invadió los dominios del viejo rectorado hispalense. Esa leyenda urbana me acompaña desde siempre...

Mi infancia son recuerdos de un foso de Sevilla
con un portero dentro atrapado en un coche
que se llevó por delante árbol y barandilla
para hundirse en la fosa profunda de la noche.

De calle Rábida a Palos de la Frontera
la curvita se le fue poco a poco cerrando,
al igual que los márgenes de la carretera
y los párpados que más y más iban pesando.

El portero era ruso, un tártaro de Astracán,
buen amigo del vodka y de la manzanilla,
y de los cubalibres, los martinis y el champán,
que por cosas del fútbol recaló en Sevilla.

Según la prensa era de lo mejor del mundo
y por eso originó grandes expectativas,
pero en llegando al Sur se le torció el rumbo
llevándosele a pique toda perspectiva.

Los goles no paraba, se los automarcaba
él mismo, provocando el mayor ridículo
ante la afición, que ya sólo esperaba
pasar lo antes posible ese mal capítulo.

Sentía de la Estepa una gran añoranza,
y ni los mantecados llenaban la querencia
que el ruso le tenía al lugar de su infancia,
y ni el alcohol lograba compensar la ausencia.

Sonaba a balalaika su melancolía
y no hubo guitarra de gitano ni payo
que lograra acallar la marcial melodía
de los himnos del Kremlin cada uno de mayo.

Hay quien dice que vio a Dasáev en el foso,
y quien dice que cayó al mismo por dos veces.
¿Querría acaso hacerse popular y famoso?
¿O fue solo resultado de sus embriagueces?

Quién sabe si una vez o si acaso fueron dos,
si lo hizo sin querer o si se lo propuso…
Nadie alcanza a conocer los caminos de Dios
ni qué secretos llega a esconder un ruso.

PARAR EL TIEMPO
A LO PANENKA

El fútbol es un pensamiento que se juega, y más con la cabeza que con los pies.

—Milan Kundera

«El fútbol es un deporte que inventaron los ingleses, juegan once contra once y siempre gana Alemania», dijo el delantero inglés Gary Lineker tras la eliminación de su selección por Die Manuschaft en las semifinales del Mundial de Italia 1990.

Pues esto no fue lo que pasó catorce años antes, durante la final de la Eurocopa de 1976 donde la selección de Alemania Federal (entonces había dos alemanias) perdió frente a la de Checoslovaquia (ya ni existe ese país).

La todopoderosa selección germana y la más humilde checa llegaron empatados cero a cero a la tanda de penaltis. En el momento más decisivo, Uli Hoeneb acababa de fallar su tiro y ahora se veían frente a frente el delantero checo Antonín Panenka y el guardameta alemán Sepp Maier.

Panenka (1948 -) no solo anotó y sentenció así la victoria de su selección, sino que además marcó el que quizás sea el penalti más icónico de la historia del fútbol. ¿Y por qué?

Porque ese tiro tuvo «tempo» —que se diría en

música—, o «temple» —que se diría en tauromaquia—, o «compás» —que se diría en flamenco—, o tuvo mucho de «parar, templar y mandar», que diría el maestro matador y filósofo Juan Belmonte: parar el tiempo, sobreponerse a la presión, al público, al cronómetro…

Silenciar todo eso para quedar solo ante el toro con el capote de por medio, o solo ante el guardameta con el esférico de por medio. Y, entonces, hacerlo lento, hacerlo bonito, demostrar que la sentencia del muletazo o del disparo será inapelable porque «aquí mando yo», que en ese preciso instante y sobre ese albero o sobre ese césped no mandan Dios ni el Diablo, ni el Hado ni la Providencia. «Aquí mando yo».

Un minuto así vale un siglo y muy pocos toreros y algún futbolista alcanzan a tenerlo.

Domar el tiempo es un arte.
Muy pocos pueden hacerlo.

Yo tuve la inmensa suerte
de ver una vez a un torero,
bajar la mano despacio
con tanto tacto y tiento,
que el toro entraba al engaño
como un niño, dócil, necio,
para dormirse en el trapo
que acunaba lento el diestro.

El toro era un chiquillo
y el capote un sortilegio,
que hipnotizaba a la bestia
del rey Minos, al más fiero
monstruo de los cretenses
volviéndolo manso y ciego,
y vulnerable al engaño
y dócil como un becerro,
que bosteza perezoso
dándole al tiempo su tiempo.

¿Qué clase de alquimia puede
dominar a un toro recio?
¿Y hacer los segundos siglos
y los minutos milenios,
arrastrando las agujas,
retrasando el minutero,
y hacer que el tiempo se duerma
sobre un capote torero?

Aquel matador de toros
que estiraba tanto el tiempo
en sus verónicas largas
cuando largaba los vuelos,
era un diestro sevillano,
para más señas, camero,
cuyo nombre en los carteles
rezaba: Curro Romero.

Una magia como esa
sobre el amarillo albero,
yo no la vi nunca más
en ninguna plaza, pero…

Vi una vez a un futbolista
que con similares medios,
aplomo, temple, astucia,
seguridad en sí e ingenio,
supo engañar a la suerte
y supo parar el tiempo.

Desde el punto de penalti
arrancaba el delantero,
veloz y fiera carrera
para engañar al portero,
que se tiraba a un poste
desatendiendo el larguero.

Entonces el futbolista
echando raudo el freno,
lanzaba en vaselina
muy suave el esférico,
que dibujaba en el aire
un paréntesis eterno,
que en lapso de eternidad
eternizaba el momento,
hasta que el balón cruzaba
el umbral del cancerbero.

Aquel penalti fue Arte:
puro arte futbolero.
Antonín Panenka era
su nombre, y era checo,
y al igual que Curro supo
cómo parar el tiempo.

LOS DOS APELLIDOS ARBITRALES

Está haciendo un arbitraje Poncio Pilatos.

—Jorge Valdano

«No me cago en tu padre por no darte pistas», decía el inolvidable Paco Gandía en una de sus películas ochenteras que recientemente vi, e inmediatamente el chascarrillo me llevó a la circunstancia, tan singular, de que España es el único país donde a los árbitros se les nombra por sus dos apellidos. La asociación era inevitable: ¿necesitarán los árbitros que les den pistas sobre la identidad de su padre o de su madre? La verdad es que viendo algunos arbitrajes a uno le entran las dudas, y sabiendo de ciertos chanchullos que al tiempo salen a la luz, más.

¿Cómo olvidar los vergonzantes arbitrajes de Byron Moreno y de Al-Ghandour durante el Mundial de Japón y Corea 2002?, donde lograron a toda costa clasificar a Corea del Sur en semifinales pasando por encima de Italia y España, respectiva e impunemente, con total descaro y todo ello apañado por la FIFA.

En España, el que tradicionalmente se ha venido considerando el robo más escandaloso de un partido tuvo lugar en 1970, cuando durante un Clásico el colegiado Guruceta Muro pitó como penalti una falta ocurrida descaradamente

97

fuera del área barcelonista, posibilitando así el empate del Real Madrid en aquellos años de tanta tensión político-futbolística. El encuentro no llegó a finalizarse de forma reglamentaria por invasión del público al césped del Camp Nou.

Pero más allá del caso de Guruceta Muro, que es el más emblemático, tenemos numerosísimos ejemplos de robos de partidos o, cuando menos, de arbitrajes polémicos, como aquel de Díaz Vega que llegó a expulsar a cuatro jugadores del Celta dejando a los vigueses a merced del Sevilla durante el año de retorno del Celta a Primera División. Más tarde este colegiado se haría famoso por sus insultos a Johan Cruyff durante la rueda de prensa tras un Clásico: «se mea en los pantalones cuando se enfrenta al Real Madrid», dijo.

Otro caso bastante revelador es el de Andújar Oliver, que expulsó a Jesús Landáburu porque le vio cometer falta «con el rabillo del ojo», según declaró en las ondas de Radio Nacional. El sambenito de «Mr. Rabillo» se lo colgaría luego el machacón de José María García.

Y no podemos dejar de mencionar aquí el escandaloso caso Negreira (o BarçaGate), proceso judicial actualmente abierto por el cobro durante más de veinte años de un monto que supera los siete millones de euros por parte del entonces vicepresidente del Comité Técnico de Árbitros, el colegiado Enríquez Negreira, a cambio de unos informes técnicos para el F. C. Barcelona que son, a veces inexistentes, a veces vacíos de contenido.

Al final, lo que comentaba: Japón Sevilla, Mejuto González, García de Loza, Medina Cantalejo, Undiano Mellenco, Teixeira Vitienes, Iturralde González, Losantos Omar, Sánchez Arminio... todos los colegiados nombrados por sus dos apellidos y solo por los apellidos. ¿Y por qué? La razón nada tiene que ver con sus progenitores y es bastante más histórica y curiosa.

El 13 de septiembre de 1969, durante un encuentro Pontevedra - Granada, debutaba en Primera División el colegiado murciano Ángel Franco Martínez. Los titulares deportivos sobre sus actuaciones se los pueden imaginar: «Franco es muy malo», «Franco se cargó el partido», «Todos culpan a Franco», «Franco se tiene que ir», etc. Eran los años de la dictadura del general Franco y durante los encuentros futbolísticos aprovechaban desde las gradas el apellido de este colegiado para insultar al dictador y saludar a su familia y sus ancestros. Tanto es así que este árbitro tenía vetado pitar ciertos encuentros, como la final de la Copa del Generalísimo (antecedente de la actual Copa del Rey) donde el jefe del Estado estaba presente y la situación corría el riesgo de volverse bochornosa.

Por ello, el gobierno presidido por Arias Navarro instó en 1970 a las organizaciones arbitrales y a los medios de comunicación a que se refirieran a los árbitros por sus dos apellidos. En adelante, ya no sería nunca más «Franco» a secas, sino «Franco Martínez». La medida se consolidó y la costumbre creó la tradición que aún hoy perdura.

Y en el paroxismo de lo esperpéntico, este árbitro llegó a estar amenazado por la banda terrorista ETA por razón de su apellido: «Primero mataremos a este Franco y luego al de Madrid», era la consigna y se supo por un soplo.

En vísperas de un derbi vasco Real Sociedad vs Athletic Club de Bilbao, Franco Martínez fue convocado discretamente a una reunión en su Murcia natal. Según él mismo relató en una entrevista, pensaba que querían comprarle y por eso se acompañó de Manuel Cerezuela, presidente del colegio arbitral murciano. En las proximidades de la Catedral de Murcia se encontraron con el secretario del Ministro de la Gobernación, Tomás Garitano Goñi, quien le informó de los planes de la banda terrorista y le sugirió fingir una lesión recomendándole no compartir el secreto ni con su familia. El colegiado siguió a pies juntillas las instrucciones y un compañero le sustituyó en aquel partido.

Que a uno le maten en España por razón de su apellido

puede parecer cosa de broma, pero hay que tener en cuenta el momento histórico: apenas dos años antes ETA había cometido su primer asesinato y posteriormente atentarían varias veces contra el ámbito deportivo, como ocurrió con el asesinato del portero José Antonio Santamaría Vaqueriza, o con el coche bomba que mató a seis policías en la previa de un Sabadell – Málaga, o con el coche bomba detonado en las inmediaciones del Bernabéu antes de un Clásico.

El causante involuntario de toda esta singularidad, el colegiado Ángel Franco Martínez, falleció en febrero de 2024.

En el Mundial 2002, Byron Moreno y Al-Ghandour,
(egipcio y ecuatoriano), ambos pusieron la mano
que untaría muy ufano el coreano del Sur,
en pago de gratitud por sus errores mundanos.

Mil novecientos setenta, fue Guruceta Muro
quien al Barca metió un puro con un penalti bien falso.
¡Más falso que Judas, sí! Pero sacó del apuro
al mismo Real Madrid, librándole del cadalso.

Díaz Vega expulsó a cuatro vigueses y así
dejó al Celta con siete en su regreso a Primera.
Y tuvo una pelotera, tras un Clásico, con Cruyff,
donde perdió los papeles, las formas y las maneras.

Landáburu fue expulsado por Andújar Oliver,
quien sin grima ni sonrojo le sacó el cartón rojo
para decirnos después que lo había llegado a ver
con la mayor nitidez «por el rabillo del ojo».

Y sobre Enríquez Negreira, ¿qué decir de esa persona?
Seis millones recibidos por papel sin contenido.
Y es que Barcelona es *bona* sólo si la *bossa sona*,
y si la cosa funciona da igual que huela a podrido.

Son tantos, tantos errores, en tantos, tantos partidos
y chanchullos ya sabidos, maletines y compadres,
que a los árbitros les nombran hoy por ambos apellidos,
tan solo por darles pistas sobre el nombre de sus padres.

No, no es esa la razón. No seamos mal pensados.
La razón es bien distinta, y no sé cuál es peor.
Fueron cosas de otros tiempos, exigencias del pasado:
A toda costa evitar contrariar a un dictador.

LA FALSA CAMISETA

El fútbol es lo más importante entre las cosas menos
importantes.

—Arrigo Sacchi

Se acabó el petróleo (Pancho Bautista, 1980) fue la primera película del cine andaluz, producida por Triana Films y rodada íntegramente en una Sevilla pre-Expo 92 (bastante más desconchada que la de hoy) y protagonizada por los inolvidables Paco Gandía, Pepe da Rosa y Josele, que exhibían todos los casticismos del Sur de la época: el «trile», el «salto del tigre» y el «vente *pa* España, Antonio», entre otros. Sobra decir que el filme es tan cutre como divertido y, al cabo de los años, enternecedor.

Salió a colación durante una conversación con José Jiménez Frías, un buen bético manque pierda que hace honor al lema de su club manteniendo su condición de tal, a pesar de ser el único en el seno de una familia fundamentalmente sevillista. Con él comentaba que hay béticos por todas partes («béticos del universo», que diría Manuel Melado) como ese que todos los años vemos por televisión corriendo los encierros de San Fermín con la camiseta verdiblanca destacando entre la marea blanquirroja de los pamplonicas.

Conversando sobre esto me comentaba Frías que el «ser bético» se ha convertido en un rasgo más del tipismo sevillano, metiendo en ese saco hasta las ya imprescindibles anécdotas de Lopera, tal como se muestra en la película *Ocho apellidos vascos* (Emilio Martínez-Lázaro, 2014), donde Dani Rovira interpreta al «típico» sevillano que es, por supuesto, bético.

Y añadió mi amigo Frías un dato interesante: la primera vez que se vio una camiseta del Betis en una película de cine fue precisamente en *Se acabó el petróleo*, donde Pepe da Rosa —que fue bético militante toda su vida— la exhibía con orgullo. No me extrañó, la verdad, porque considero que de los dos equipos de mi ciudad el Betis cae del lado más castizo.

En la escena, Pepe da Rosa se mete en la cama con Charo Reina y al desvestirse exhibe como camiseta interior la verdiblanca, que en opinión de mi amigo Frías debía ser falsa, ya que en aquella época no era habitual para la clase popular costearse camisetas oficiales. Yo, en cambio, a la vista de la escena, creo que sí era una camiseta oficial, con su escudo y todo, solo que entonces las camisetas aún no eran de fibras sintéticas, poliésteres y elastanos, sino de algodón de ese que al tiempo formaba pelotillas.

No obstante, esto, el apunte de mi amigo Frías, trajo a mi memoria la hermosísima historia de otro buen amigo (esta vez sevillista), Pedro Romero Villarán «Perovi», y de su madre, Dª. Pastora. Historia sobre camisetas y falsificaciones que a continuación les narraré.

En 1964, los niños querían, como los de hoy, la equipación completa del equipo de sus amores pero, a diferencia de hoy, eso era impensable para la economía de muchas familias. A lo más que se alcanzaba era a comprar dos o tres sobres de cromos (estampitas, se decía entonces) con los jugadores de la liga del momento que provocaban el inefable e inolvidable placer de abrirlos, juntarlos, separar los nuevos de los «repes» y hasta cambiar cincuenta repes por el del portero del Sabadell, que prácticamente nadie tenía. Lo de la equipación en cambio era inalcanzable y, como mucho, el niño podría aspirar a soñar con la camiseta de su equipo en un cumpleaños.

Ese era el sueño de mi amigo Perovi, y también hubiese resultado inalcanzable de no ser por el color de su equipo y la imaginación de su madre: la camiseta de su equipo era blanca y lisa, por lo que su madre tomó una camiseta de ropa interior de invierno, de manga larga, y le cosió a la altura del corazón el escudo del Sevilla F. C. comprado en unos almacenes que ya no existen, Deportes Arza.

Cuatro puntadas bastaron para hacer feliz a un niño y para coserle el corazón a ese escudo ya para siempre. Por muy falsa que fuera esa camiseta a mí me parece la más auténtica de cuantas he conocido. Pero es que, además, en aquella época y en aquella Sevilla, también se hacían capirotes de nazareno en las casas, recortando y pegando paños de cartón provenientes de las cajas de zapatos que sobraban a los vecinos.

Camisetas y capirotes: lo más sagrado, trucado. Pero Dios escribe siempre recto con renglones torcidos para que los niños puedan tener su hábito nazareno y su equipación futbolera y puedan así vestir de colores su ilusión y construir su identidad. «Madre, deme usted dinero para una camiseta…», bien pudiera haber cantado el Pali.

El hábito no hace al monje,
ni el mandil al cocinero,
ni la bacía al barbero,
ni la golilla al conde.

Ni la linterna al minero,
ni el capote al sereno,
ni el esparto al nazareno,
ni el costal al costalero.

Ni los guantes al portero,
ni la bandera al linier,
ni el tastevin al sumiller,
ni la montera al torero.

Poner excesivo esmero
en la sola indumentaria,
no es condición necesaria
para crear buen oficio,
y hasta puede, en perjuicio,
hacer la cosa contraria.

Por eso al Cielo, los primeros,
y a la indumentaria ajenos,
van los buenos nazarenos
y los buenos futboleros.

Buscavidas trapaceros
que se nos adelantaron.
Sin dudar falsificaron
camisetas y capirotes
para mantener a flote
los amores que heredaron.

Cuando la paga no alcanza
y hay que buscarse la vida
y encontrar una salida
que no apague la esperanza,

¡sí!, camiseta falsa
si no queda más opción.
Original o imitación,
que no importa cómo sea
cuando es Dios quien pespuntea
un escudo al corazón.

ESPAÑA 12 - MALTA 1

Estar endiosados es justificable cuando jugamos como Dios.

—Jorge Valdano

Cuando se vive un acontecimiento histórico de verdadera trascendencia, normalmente queda grabado para siempre en nuestra memoria dónde estábamos y qué hacíamos en el momento de recibir la noticia, y cómo nos llegó esta.

El primer hecho histórico que yo viví fue la muerte de Franco, cuando tenía cuatro años, y recuerdo vivamente que me encontraba al pie de la empinada escalera que subía hasta mi guardería de la calle Sánchez Arjona, en Triana, y recuerdo también la sensación de desasosiego que recibí de mis mayores. Por aquel entonces yo ya sabía que Franco era «quien mandaba», que había muerto, y que había incertidumbre sobre quién iba a sustituirle.

Cuando los miembros de una misma generación nos reunimos y conversamos sobre nuestros recuerdos es habitual que surja la pregunta: «¿tú dónde estabas cuando…?». Un caso típico de mi generación es el 11-S: todo el mundo recuerda dónde estaba y qué hacía cuando las Torres Gemelas se desplomaron. Y otro caso emblemático para mi generación y relacionado con el fútbol es el partido España - Malta del 82. «¿Tú dónde estabas cuando el España - Malta?», y la respuesta suele ser «delante de la tele viendo el partido», y sólo en algún caso excepcional, «en el Benito Villamarín

viéndolo en directo».

Yo recuerdo que me encontraba aquella noche en mi casa haciendo otra cosa mientras en el salón veían el partido (nunca he sido capaz de ver un partido completo por la tele), pero cuando cantaron tres goles en tres minutos (dos de Maceda y uno de Rincón del 62' al 64') fue imposible resistirme y acabé delante del televisor, estupefacto como el resto de mi familia, donde alcancé a ver aquellos gloriosos cuatro goles en los siete minutos finales, a un promedio de un gol cada dos minutos.

Pero lo que más vivamente recuerdo, más claramente aún que el partido en sí, fue la reacción unánime de la gente en la calle al día siguiente, la euforia general.

Recuerdo que los alumnos de mi clase nos agolpábamos a primera hora de la mañana en la puerta del aula de dibujo, todos saltando a una y gritando al unísono: «Sí, sí, sí, nos vamos a París».

Aquel 12 - 1 y la clasificación para la Eurocopa de 1984 fue el primer gran éxito de nuestra selección hasta aquel momento, y la sensación que dejó en todo el país, entre aficionados y no aficionados, fue maravillosa.

Para los que no tuvieron la dicha de vivir aquel momento, narraré brevemente cómo sucedió.

La fase de clasificación para la Eurocopa estaba compuesta por siete grupos y el líder de cada uno de ellos entraba en la fase final. A falta de una jornada, España era segunda de su grupo y necesitaba ganar en el último partido a Malta por once goles o más a fin de superar a Países Bajos, la primera del grupo, y clasificarse.

Así que, con el objetivo prácticamente imposible de ganar por once goles de diferencia, desembarcó la Selección Española de Miguel Muñoz en el encharcado césped del estadio Benito Villamarín el 21 de diciembre de 1983.

El primer tiempo fue desolador para los españoles: Juan Señor falló un penalti y un disparo desde fuera del área del maltés Demanuele terminó besando la red del guardameta Buyo, con lo que se llegó al descanso con un pírrico 3 a 1 a favor de España.

En cambio, en el segundo tiempo la selección española se transformó y empujó literalmente a la maltesa dentro de su área, agobiándoles. Poli Rincón marcó el cuarto tanto para España en el minuto 47 y el quinto diez minutos después, Maceta marcó el sexto en el 62 y el séptimo un minuto más tarde, y a los doce segundos Rincón hizo el octavo. Tres goles en diez minutos: prodigioso.

A esas alturas tanto en el equipo como en la afición de España se empezó a creer que el milagro estaba alcance la mano. Entonces se sucedieron los siete minutos más emocionantes y sorprendentes de la historia nuestra selección: Santillana marcó en el minuto 76, Rincón en el 78, Sarabia en el 80, y a falta de diez minutos para la finalización del encuentro, España estaba a un solo tanto de conseguir lo imposible. En el minuto 85 Juan Señor remató un rechace desde fuera del área y consiguió el 12 - 1 definitivo. Conseguido lo inalcanzable, España continuó atacando y Rafael Gordillo llegó a anotar un decimotercer gol que fue anulado por fuera de juego. En ese momento el público invadió el césped y el encuentro finalizó con aquel mítico 12 a 1 que permitió a España clasificarse para la Eurocopa de 1984 en Francia.

En cada peña, en cada bar, en todas las calles y en cada hogar, el cántico era unánime: «Sí, sí, sí, nos vamos a París». Entretanto, Televisión Española, que había emitido el encuentro, suspendió inmediatamente la programación prevista a continuación para emitir un informativo especial durante toda la noche sobre la gesta acontecida.

En Países Bajos la sorpresa fue mayúscula, su selección fue eliminada, pero asumieron el resultado con deportividad. Tal como declaró su seleccionador Kees Rijvers: «Los milagros también existen en el fútbol». En Malta, en cambio, la derrota fue digerida como una auténtica humillación nacional dando comienzo a un durísimo calvario para los jugadores y el seleccionador malteses, que nada más pisar su suelo patrio fueron citados en el juzgado para una investigación encaminada a esclarecer lo sucedido. Y es que el gobierno maltés abrió una comisión para investigar si hubo soborno a sus jugadores. Las conclusiones de la comisión dieron lugar, en cambio, a la profesionalización de la selección nacional maltesa que hasta entonces había sido amateur.

Treinta y cinco años después del encuentro, el entonces seleccionador maltés, Víctor Scerri, y tres de sus jugadores, Bussutil, Fabri y Demanuele, hicieron unas declaraciones para un reportaje televisivo en las que acusaban a los españoles de tomar esteroides e incluso de drogar a los jugadores malteses con unos limones ofrecidos durante el descanso. Para José Antonio Camacho, capitán de aquella selección española, se trata de una tardía y poco deportiva pataleta. La realidad es que esas teorías han quedado solo para solaz de los amantes de la conspiranoia.

A la luz de los años, lo más importante de aquel encuentro fue cómo inspiró a la gente corriente, a los ciudadanos. Surgió un sentimiento unánime de comunión, de fraternidad, de orgullo por la identidad. Nació la intuición de que ya no éramos un país con boina… pequeño, paleto y atrasado en mitad de Europa, sino que éramos capaces de hacer algo grande y medirnos con los grandes.

Qué bien nos vendría hoy otro partido como aquel…

Españolitos cainitas
aquel día, ¿qué os pasó?

Siendo tan malos vecinos
de tan ruin condición,
tan traicioneros hermanos
proclives a la división,
tan dados a daros coba,
ojana y adulación,
mientras afiláis puñales
para clavar a traición.

Cuando el mérito es de otro
no regaláis ni una flor,
y menos si el otro es
activo competidor,
mas si el otro es ya difunto
floreáis su panteón,
que para recibir flores
estar muerto es lo mejor.

Hijos de esta pobre España,
arrastráis la maldición
de la sombra de Caín,
cadena sin remisión.
Como Machado predijo
y como Serrat cantó:
«Españolito que vienes
al mundo, te guarde Dios».

Sin embargo, el veintiuno
de diciembre algo ocurrió,
el del año ochenta y tres
del siglo que antecedió.
Españolitos cainitas
aquel día, ¿qué os pasó?
que en víspera del sorteo
el Gordo se adelantó.

Que soñasteis todos juntos
y ese sueño os unió,
bajo una misma certeza
y una misma convicción:
Que los milagros ocurren,
ocurren si quiere Dios,
y que Dios quiso ese día
escuchar vuestra oración.

Quizá porque no es frecuente
pero esa vez sucedió,
que rezasteis como uno
por una misma intención.
Bajo un mismo sufrimiento,
un mismo gozo y dolor,
con unión y hermanamiento,
como una sola voz.
Como una sola patria,
una única nación,
bajo una misma bandera,
enseña, escudo y color.

Y en un mismo sentimiento,
un unánime temblor,
cabalgando por las ondas
en la voz del locutor,
cuando en todos los hogares
con un gallito en la voz,
José Ángel de la Casa
gritó: ¡gol, gol de Señor!

¡Ay, Dios mío, qué final
nos regaló Juan Señor!
La vida en siete minutos,
siete pulsos de reloj,
que nos pararon los pulsos
de la sangre al corazón,
y cuatro goles fugaces
a dos minutos por gol.
Sin dar tiempo a reponernos
ni respiro a la emoción,
del júbilo a la sorpresa
y a la estupefacción.

Hoy más que nunca hace falta
recordar aquel honor,
la vergüenza y el orgullo
de aquel celo y pundonor.
Hace falta recordarlo
por eso lo recuerdo yo,
y lo recuerda mi verso
y mi pluma con la voz,
de aquel chiquillo que fui
que gritaba con candor:
¡Sí, nos vamos a París!,
embriagado de ilusión.

Hace falta recordarlo,
recordar a quien logró
aquel triunfo que no olvida
toda mi generación.
Tan heroicos como Aquiles,
Héctor, Hércules, Sansón:
Son Santillana, Maceda,
Rincón, Sarabia y Señor.

Y que ellos nos ayuden
ante tanta división,
tanto nacionalismo
y autodeterminación,
a recordar sin complejos,
cortapisas ni temor,
todo el orgullo que implica
reconocerse español.

EL PROFETA
LAMINE YAMAL

*Al fútbol siempre debe jugarse de manera atractiva, debes
jugar de manera ofensiva, debe ser un espectáculo.*

—Johan Cruyff

Hay en Lamine Yamal (2007 -) algo premonitorio, profético, mesiánico, algo de adivinación, agüero, oráculo…

Con dieciséis años y trescientos sesenta y dos días fue el jugador más precoz de la Historia en marcar en un torneo europeo y también el más precoz nominado al Balón de Oro. Sin edad aún para votar ni conducir ni beber, metió a su país (España) en la final de la Eurocopa 2024, final que además ganaría.

Su celebérrimo gol contra Francia del 9 de julio de 2024 fue una obra de arte.

Finta, burla el marcaje del contrario francés y traza desde fuera del área una parábola con la zurda hasta la escuadra de la portería contraria como un pintor dibuja un trazo largo sobre un lienzo. Una obra de arte ejecutada con la naturalidad de un niño que juega en la calle a engañar al contrincante con el balón. Pero es que, además, como un capricho del destino, o mejor, como una suerte de justicia divina, el contrincante burlado fue Adrien Rabiot, el mismo que en la rueda de prensa previa al encuentro criticó a Yamal diciendo: «para jugar una final tendrá que hacer mucho más de lo que ha hecho hasta ahora».

Se ve en los vídeos: antes de que el balón cruzase la escuadra, mientras realizaba su larguísimo viaje hasta ella, Yamal ya estaba celebrando el gol con la certeza de un profeta. Pero es que, además, la víspera del partido, tras las declaraciones de Rabiot, Yamal colgó en su Instagram una imagen de una pieza de ajedrez con el siguiente mensaje: «Muévete en silencio, habla solo cuando sea la hora de decir jaque mate». Y su oráculo acertó: al día siguiente, tras eliminar a Francia de la competición y humillar precisamente a Rabiot, solo tuvo que colgar en su Instagram un *post* con dos palabras, «jaque mate».

Y cuando todo lo conseguido y consumado dejaba un aire premonitorio, un sabor a relato previamente escrito por el destino, el padre de Yamal rescató y colgó en Instagram una foto de dieciséis años atrás donde se veía a un veinteañero Leo Messi sosteniendo a un bebé en una bañerita. El bebé era Lamine Yamal.

Como el mismo Aquiles bañándose en el río Estigia para hacerse invulnerable, como un elegido recibiendo los poderes de un genio o un mago, un Yamal bebé recibe los brazos de un joven Messi.

En 2007, UNICEF celebró una rifa en el barrio de Roca Fonda, en Mataró, para hacerse una foto con un jugador del Barcelona. Lamine Yamal y su madre ganaron el sorteo.

Todo lo que rodea a este joven astro emergente parece escrito previamente en las estrellas.

Para el joven Lamine Yamal
jugar es «como jugar».
Marcar goles, respirar,
y ganar, lo habitual.

Esa gracia natural
no es algo sobrevenido.
Es un talento ejercido
con total naturalidad.
Es la rara facilidad
que Dios da a sus elegidos.

No tiene edad Lamine Yamal
para votar ni beber,
pero sí para meter
a su país en la final.

Le sobra al buen profesional
tanta cháchara y debate.
Basta acudir al combate,
pelear y golear,
y, solo después, pronunciar
dos palabras: jaque mate.

EL ENVASE DE LOPERA

Hemos fichado a un jugador, que para que nos lo quiten tienen que cerrar un banco.

—Manuel Ruiz de Lopera

Uno de los personajes imprescindibles del paisaje tipista de Sevilla es Lopera, quien eleva su altar en el templo del «aje» a la misma altura que el Pali, Silvio, o Pepe Peregil, por su gracia natural, su mala leche, y su lenguaje surrealista que se adelantó a Chiquito de la Calsá en la introducción de expresiones divertidas y absurdas en nuestra lengua, al menos a nivel local.

Pero no estoy yo cualificado para hablar de Lopera ni de «el otro equipo de mi ciudad», por lo que recurro a la sabia pluma de un buen amigo, el más bético de cuantos tengo.

Ángel González Aguilar es bético hasta el punto de exhibir como lema de su perfil de WhatsApp la frase: «Gora Betisa galdu arren» («viva *er beti* manque pierda», en euskera), para no dejar resquicio a la duda sobre cuáles son sus amores en ningún lugar ni lengua.

Además de futbolero y bético, mi amigo Ángel es un hombre cultivado y un enamorado de la cultura popular sevillana, rara combinación esta que le hace inevitablemente loperista. A su ingenio debo el título de este libro, *Poemario esférico*, y a él cedo ahora gustosamente la palabra:

«¿Dónde estaban ustedes en el 92?».

Mil novecientos noventa y dos fue el año de la Expo, el año en el que empecé a estudiar en la universidad, el año en el que saqué el carné de conducir, el año en el que alcancé la mayoría de edad, el año en el que aquella chica me rompió el corazón por primera vez, pero, sobre todo, mil novecientos noventa y dos fue el año en que Lopera apareció para la mayoría de nosotros en nuestras vidas.

En aquel verano del noventa y dos, el Betis, en su enésima crisis, necesitaba completar su transformación en Sociedad Anónima Deportiva para evitar su desaparición y, a falta de pocas horas para el cierre del plazo, apenas se había conseguido reunir la mitad del dinero. Acostumbrados a vivir siempre en el alambre aquello parecía, esta vez sí, el golpe de gracia definitivo al equipo de mis amores, y con la angustia de ver cómo las horas pasaban sin encontrar una solución, aquel 30 de junio del noventa y dos emergió su figura y ya nada fue igual.

Lopera, una suerte de *self-made man* de El Fontanal y que hizo fortuna de una manera un tanto peculiar, casi en el último minuto apareció y sacó de la chistera un chorro de millones para salvar al Betis. Aquello que fue casi un milagro para los béticos quedó años después inmortalizado en un vídeo que pretendía legar a la posteridad ese trascendente momento. El vídeo, si no lo han visto, créanme, debería estudiarse en todas las escuelas de cine del mundo.

«Reinaldo, necesito aproximadamente 800 millones de pesetas en 25 minutos... tengo que salvar la situación del Betis... el Betis no puede morir porque sería una alegría para mucha gente que tenía la botella de champán abierta por la muerte del Betis».

Aun con la llegada de Lopera, el equipo seguía en Segunda División y, después de unos comienzos titubeantes, finalmente dos años después se consiguió el ascenso y en aquella celebración se empezó a gestar la figura cuasimesiánica en que acabó convirtiéndose Lopera, que pasó a ser don Manuel para todos nosotros. Un discurso que para mí, habiéndolo vivido en directo, me pareció que contenía tanta emoción y grandeza que haría palidecer al mismísimo Winston Churchill en sus horas más brillantes:

«Estábamos en la UVI... Nadie daba un duro por nosotros... yo os entrego a ustedes un Betis libre... limpio... en Primera... ¡¡¡de ustedes!!! ¡¡¡Viva el Betis!!!».

Con la llegada de Lopera al Betis, un equipo siempre acostumbrado a las estrecheces económicas y deportivas, vivimos momentos de gloria y nos sentimos un poco nuevos ricos, como cuando dijo en su particularísimo estilo durante la presentación de Denilson, el fichaje más caro del momento: «Hemos fichado a un jugador que para que nos lo quiten tienen que cerrar un banco», o como cuando a la segunda tentativa del entonces todopoderoso magnate Roman Abramovich, propietario del Chelsea, por fichar a Joaquín lo despachó con un «ea, otra vez el ruso con la oferta para atrás», o como cuando en la inauguración del estadio, entonces modernísimo, lo presentó con aquel «aquí está la caja de herramientas...».

Lopera, hombre de orígenes humildes y buscavidas desde su juventud, tenía un lenguaje singular y acuñaba expresiones que se hicieron populares en aquellos tiempos: «Yo antes me como un bollo con aceitunas debajo de un puente que defraudar a mi familia, que son ustedes», «me estáis exigiendo que me estáis cansando; que no me entrampo», «sosprendido», «alamismavé», «bastantemente» (readverbio inventado por don Manuel), o bautizaba al famoso equipo carioca del Clube de Regatas do Flamengo como el «Flamenco», o aquella singularísima manera que tenía de despedirse con el mítico «venga, a ustedes» y que desde entonces uso como fórmula habitual de despedida.

Aunque si hubo un loperismo que debió hacer fortuna fue cuando bautizó al club de fútbol de cierta capital catalana como el «Llérida», haciendo una mezcla fascinante entre Lérida y Lleida que debería haber contentado para siempre a castellano y catalanoparlantes.

Lopera era un hombre histriónico e hiperbólico, pero tenía gracia y lo sabía, como demostró en aquella memorable entrevista televisiva. La anécdota trataba sobre un hombre que se le acercó un día. Se le había muerto su padre y lo abordó, como presidente del Betis, porque quería llevarlo al campo, al estadio:

«Don Manuel, se ha muerto mi padre y quiere que lo traiga al fútbol».

«¿Traerlo al fútbol?», se mostró sorprendido Lopera.

«Lo traigo aquí», dijo y sacó un bote de melocotones en dulce… —explicaba don Manuel, «pero la policía no me deja entrar con el bote de cristal. Tiene usted que hablar para que lo metan dentro y yo todos los domingos lo recojo».

Lopera sabía contar historias e hizo una pausa sin esbozar una sonrisa:

«Vamos a hacer una cosa para que no lo tenga que dejar en el estadio: vamos a coger el envase de Puleva, mete usted ahí las cenizas de su padre y, como es de cartón, ya podrá meterlo en el campo».

«Y ahora el muchacho me mira todos los domingos, cada vez que el Betis mete un gol, y abraza a su padre… metido dentro del envase de Puleva", remataba Lopera la historia.

Con el paso de los años, la figura de Lopera se fue oscureciendo y su estrella apagando. Al final de su etapa, cuando se le empezaba a cuestionar, acababa preguntando a los críticos aquello de «¿dónde estaban ustedes en el 92?», como una manera de decir que él estuvo a las duras en aquellas horas oscuras y que fueron muchos los que no dieron un paso adelante para salvar al Betis entonces.

Respecto a la anécdota que contaba Lopera sobre aquel hombre y el problema con las cenizas de su padre, y que muchos dieron por apócrifa, tengo que confesarles que años después, mientras trabajaba de portero en el campo del Betis en mis años de estudiante, me pasó algo que difícilmente olvidaré:

Al finalizar un partido y con el campo prácticamente vacío y las luces casi apagadas, se me acercaron desde la grada de Gol Sur un par de personas que, con voz algo vacilante, seguramente debida a la trascendencia del momento que iban a vivir y también, juzgándolo por el olor, por alguna copa de más que llevaban, me preguntaron:

«¿Podemos saltar al campo para echar las cenizas de mi padre?».

Reconozco que me quedé estupefacto y que les comenté que tenía que preguntar a algún superior porque no estaba autorizado a permitir el acceso de nadie al césped del estadio. Me dirigí al responsable de instalaciones y le trasmití la petición, a la que accedió.

Caminé nuevamente hacia Gol Sur y les comenté que podían pasar y les abrí la puerta que comunicaba la grada con el césped. Aquellos dos hombres se aproximaron pausadamente hacia el punto de penalti, juzgo que por considerarlo un punto singular donde realizar de manera más solemne el depósito de las cenizas del finado, y cuando estaban a punto de verterlas, se oyó una voz en grito a lo lejos:

«Ahí no, ahí nooooo… Detrás de la portería», era el responsable de instalaciones, Sr. Calderón, y cuñado de Lopera, que ciertamente, con su habitual rudeza, no estaba muy de acuerdo en el modo en que se estaba realizando aquella liturgia.

Aquellos dos hombres obedecieron y se dirigieron hacia un lateral de la portería, ya fuera del terreno reglamentario, y preguntaron:

«¿Aquí?».

«Sí, ahí vale, ahí podéis», recibiendo el visto bueno del Sr. Calderón.

Tras una breve ceremonia, depositaron las cenizas, hicieron una leve genuflexión y se persignaron. Al dirigirse hacia mí para abandonar el césped pude observar sus ojos enrojecidos, se despidieron con un emocionado abrazo y me dieron las gracias repetidamente.

Pensé entonces que sí, que aquella anécdota de Lopera en la tele seguramente era verdad, pensé que todos los aficionados de los demás clubes de fútbol tenían también razones muy poderosas para pensar que su equipo era especial y único, pensé que las pasiones del fútbol son universales, pero caí en la cuenta de que, hasta donde yo sé, sólo los béticos somos capaces de querer seguir a nuestro Betis ya sea desde un envase de Puleva o a pie de césped y convertidos ya en cenizas para la eternidad.

Venga, ¡a ustedes!

Ángel González Aguilar

Personaje mesiánico
de perfil apocalíptico,
de escaso gusto estilístico
y de ego titánico.

Casto barón monogámico
y sobreactor histriónico.
Conversador irónico
pero también simpático.
Fatídico gramático
pero bético icónico.

Avispado buscavidas
criado en el Fontanal;
usurero sin igual
tacaño, avaro y fatiga.

Negociante sin medida
y hombre hecho a sí mismo.
Baluarte del tipismo
más sevillano y castizo,
el devenir le hizo
el Moisés del beticismo.

Literato sorprendente
adjetiva «sosprendido»,
como igualmente atrevido
readverbia «bastantemente».

«Alamismavé» te vende
«asandías» que fichajes.
Y usureando al lenguaje
se despide con su breve
muletilla «venga, a ustedes»,
sin más pompa ni equipaje.

Sé que él fue el mandamás
en aquellos años duros,
y que luego en los maduros
parecía estar demás.

Su pertinaz voluntad
nuestro lema me recuerda.
Que en nuestra bética jerga
a ese mantener el tipo
que es la enseña del equipo
le llamamos «manquepierda».

Manquegane o manquepierda,
manque aquel que tenga al frente,
sea quien sea su presidente,
manque aquel que lo gobierna,

para que mi alma eterna
halle un bético confín
donde descansar al fin
como pletórico huésped,
arrojadme sobre el césped
verde del Villamarín.

BERRUEZO Y PUERTA, LOS DEL CORAZÓN PARTIDO

El culto hispánico religioso ha cedido paso a una nueva fe en la que los sacerdotes emergen desde una cavidad subterránea y ofician con el pie.

—José Luis Sampedro

¿Puede tu equipo romperte el corazón? Sí, obviamente, pero además, sí, literalmente.

Se estima que en torno a cincuenta futbolistas han muerto en el terreno de juego desde finales del siglo XIX hasta hoy. Es la conocida como «muerte súbita» y se da de forma brusca en un sujeto supuestamente sano sin que haya un traumatismo previo. En el noventa por ciento de los casos es por un fallo cardiaco.

Los ejemplos son tan numerosos como reveladores (basta ver la edad de los deportistas):

2003. Marc Vivien Foe, centrocampista camerunés del Manchester City. Falleció de un infarto durante un partido de su selección contra la de Colombia en las semifinales de la Copa de las Confederaciones.

2004. Miklos Feher, jugador húngaro. Fallecido a los veinticuatro años durante un partido de liga del Benfica (Portugal).

2012. Piermario Morosini, veinticinco años, del Livorno

(Italia). Falleció durante un partido de la segunda división italiana contra el Pescara.

2013. Yair Clavijo, dieciocho años, del Sporting de Cristal (Perú). Falleció en un partido ante el Real Garcilaso (actual Cusco F. C.).

2014. Carlos Barba, veintitrés años, del Deportes Maipo Quilicura, de Chile. Falleció durante un amistoso contra el Club Deportivo Palestino.

2015. Cristian Gómez, veintisiete años, del Club Atlético Paraná. Falleció durante un partido de la segunda división argentina.

2016. Patrick Ekeng, camerunés, veintiséis años. Falleció en el minuto setenta de un partido entre el Dínamo de Bucarest y el Viitorul por la liga rumana…

Podría seguir poniendo ejemplos hacia delante y hacia atrás en la línea temporal, pero a mí lo que me llama la atención severamente es que esto haya sucedido dos veces en mi equipo. Una cosa es que tu equipo te parta el corazón y otra muy distinta dejarte el corazón por tu equipo, literalmente.

La primera vez fue con Pedro Berruezo (1945 - 1973): interior izquierdo del Sevilla F. C., falleció el 7 de enero de 1973 en el Estadio Municipal de Pasarón (Pontevedra) durante un Pontevedra - Sevilla correspondiente a la décimo octava jornada de liga de Segunda División. Fue el primer profesional español en morir en un campo.

Cayó desplomado sobre el césped en el minuto cinco del segundo tiempo. Un mes antes ya había tenido un desplome parecido en Nervión, ante el Baracaldo, y antes, también en Alicante y Sabadell, pero los médicos nunca le detectaron ninguna anomalía.

Al día siguiente de su fallecimiento fue trasladado a Sevilla y así llegó directamente al Estadio Sánchez-Pizjuán la tarde del 8 de enero, vestido con la indumentaria del equipo y luciendo su dorsal número 10. En el mismo estadio se estableció la capilla ardiente. Tenía veintisiete años, había jugado ciento treinta y cinco partidos y marcado treinta y ocho goles, y dejó un hijo póstumo.

Y treinta y cuatro años después de esta tristísima pérdida, volvió a suceder lo mismo: el Sevilla F. C. perdió de la misma manera al mítico Antonio Puerta, «la zurda de diamante».

Fue el 25 de agosto de 2007, durante un Sevilla - Getafe de la primera jornada de Primera División. En el minuto veintiocho la joven promesa del Sevilla se desmayó, fue al vestuario por su propio pie y allí se desmayó de nuevo. Tres días después, el 28 de agosto, falleció en la UCI del hospital Virgen del Rocío de la capital andaluza. El diagnóstico fue encefalopatía postanóxica derivada de un fallo cardiaco.

Y como un azaroso capricho del destino, o quizá como una promesa de esperanza, Antonio Puerta también dejó un hijo póstumo, igual que Pedro Berruezo.

Antonio Puerta dio a conocer su talento al mundo con el mítico gol al Schalke 04 alemán que clasificó al Sevilla para la primera final europea de su historia. Fue un zurdazo al palo contrario casi desde el borde del área empalmando un pase larguísimo de Jesús Navas que cruzó de la banda derecha a la izquierda como Colón cruzó del Viejo Mundo al Nuevo. En ese preciso momento cambió la historia del club, que pasó de discreto actor en La Liga española a protagonista europeo, sobre todo considerando lo que vendría después.

Y lo que vino después fue la final contra el Middlesbrough con victoria 0 - 4 y la primera copa de la UEFA (hoy, Europa League). Luego fueron cinco copas más y en 2023 la séptima frente al Roma.

El pase a semifinales de la última copa, la de 2023, fue un partido crucial frente a un Manchester United que había eliminado al Betis y al Barcelona en cuartos, pero, sobre todo, crucial por la mala racha que arrastraba el Sevilla: apenas un mes antes el equipo se encontraba hundido y ahora un recién llegado entrenador, José Luis Mendilibar, trataba de resucitarlo como Cristo a Lázaro.

Y tal es el recuerdo que dejó y la veneración que inspiró Antonio Puerta, que en la víspera de ese partido, dieciséis años después de su muerte, un grupo de hinchas fue al pie del balcón del domicilio del jugador a encomendarse a la memoria de quien puso la primera piedra en la carrera europea de su club. Le cantaron: «¡Antonio Puerta, lolololololo!», y su padre, desde el balcón, lloró.

Al final el milagro se obró y el final ya se sabe... el Sevilla cabalgó sobre el Manchester con un 3 - 0, y después ganó la semifinal al Juventus 2 - 1 y la final 4 - 1 a los penaltis a la Squadra di Roma quien, por cierto, a falta de patrocinador lucía en sus camisetas el maravilloso SPQR de la Ciudad Eterna. Solo faltó que el Sevilla hubiera lucido el NO8DO en sus camisetas para alcanzar la perfección... Perfección que sin duda hubiera chafado el entrenador de los romanos, José Mourinho, quien estrelló contra la grada la medalla de subcampeones tras perder el partido.

Y así ganó el Sevilla su séptima Europa League, comenzando con una canción (o una oración) al pie del balcón (del altar) de Antonio Puerta, héroe consagrado ya por el sevillismo a la Eternidad en su monumento de la puerta número dieciséis del Estadio Sánchez-Pizjuán, igual que Berruezo lo está en la puerta número diez. Cada cual con su número de dorsal, «vivos» en el recuerdo y en el olimpo de los héroes que se dejaron el corazón en el césped.

¿Cómo iba yo a dejarme
sustraer el corazón
sin una buena razón
por la que dejar robarme?

¿Cómo dejar arrancarme
lo más valioso que tengo?
El cofre que guarda dentro
mi más preciado tesoro,
aquello que más valoro:
mi amor y mi sentimiento.

¿Cómo morirme de amor
por algo que desconozco,
si yo mismo reconozco
mi ignorancia y mi temor?

Hace falta mucho valor
para abrirse el armazón,
y partirse el corazón
y entregar el alma abierta
como Berruezo y Puerta
sobre el césped de Nervión.

Si yo no soy futbolero
y no era sevillista,
y en mi despiste de artista
no sé siquiera si quiero.

Yo no sé qué derrotero
me llevó de esta manera.
Quizá fue porque lo fuera
alguien a quien quise y quiero.
Me refiero al abuelo
de mis hijos, que lo era.

No fue por las siete UEFAS
ni el ambiente de Nervión,
ni la incansable afición
ni por la zurda de Puerta.

Ni la aquilina agudeza
con la que Monchi ojeaba.
Ni la destreza de Navas,
Reyes, Busto, Rafa Paz,
Arza, Lora, Campanal,
y otros que allí militaban.

Ni por Suker ni Kanouté,
ni por Buyo ni Palop,
ni por Joaquín Caparrós,
ni por Roberto Alés.

Ni su anverso ni su envés,
ni su club ni su plantilla,
la causa fue más sencilla
y esta es mi mejor razón:
Para robarme el corazón
bastó tu nombre, Sevilla.

EL REMATE

POEMA ESFÉRICO

El fútbol es una vida resumida en noventa minutos.

—Antonio Agredano

Épico, como un relato homérico;
patético, como un cómico tímido;
colosal, pero también ridículo;
magnificente, pero esperpéntico.

Repelente, y a la vez magnético;
por igual amado y detestado;
a la par ensalzado y denostado;
vulgar, pero también quimérico.

Tan sublime como patético,
el fútbol es como la misma vida:
una loca e irresponsable huida
tras la estela de un cometa esférico.

Unos atacan con furor colérico;
otros paran los envites, se defienden;
otros solo miran, ni penan ni sienten
ese ardor deportivo y bélico.

Emoción, gloria y pena compartida;
amor y odio, pura paradoja;
es por eso que a veces se me antoja
que la vida es fútbol, y el fútbol, vida.

Que el Mundo, tan ancho y poliédrico,
es puro teatro futbolístico.
Y el Planeta, que parece elíptico,
no es más que un balón esférico.

Agradecimientos

A mis hijos, Marcelo y Ángela, por todos los fichajes compartidos.

A mi mujer, Eva, por su infinita paciencia que resiste al primer tiempo, al segundo, las dos prórrogas y las tandas de penaltis.

A Lily, por sus primorosos pinceles.

A José Carlos Campos, por sus geniales ocurrencias («saque inicial», «el remate»…).

A la Peña Esférica de Ghenova, esa tertulia futbolera que no pudo ser porque se interpuso una pandemia, pero cuyos miembros han ido alimentando al autor de historias balompédicas. Los «esféricos» son: Javier Fernández Gámiz «Coco», David Pacheco León «mi Capitán», Eloy Bernárdez Moya, Ignacio Álvarez Vilches «Corneta», Ignacio Sánchez-Laulhé «Discípulo Amado», Manolo Jurado, José Manuel Álvarez «Max», Miguel Ángel Gómez Cordones «Puto Amo», Miguel Poblete y Pablo Pérez Albaladejo.

También es tertuliano de la Peña Esférica Ángel González Aguilar, a quien debo el genial título de esta obra y mi introducción al universo que rodea «al otro equipo de mi ciudad», y también Juan Manuel Fernández Gómez, quien me puso sobre la pista de los dos apellidos arbitrales y otras anécdotas llenas de luz y sal.

A Pedro Romero Villarán «Perovi», que me habló del marcador simultáneo Dardo y que protagonizó en su niñez el episodio de «La falsa camiseta».

A Massi Donati e Inma Tornay, nuestros anfitriones italianos, hinchas de la AS Roma que inspiraron «Los partidos del recreo».

A John Huston por haber rodado *Evasión o victoria* y al Carrusel Deportivo por setenta y un años de pi-pi-pi vehemente.

Y para finalizar, volvemos al principio: a Paco Correal, por su prólogo. No sé si queriendo o sin querer, nos ha dejado una de esas maravillosas crónicas suyas que tantos lectores y tantos honores le han valido a lo largo de su casi medio siglo ya de periodismo y literatura. Esta vez una crónica futbolístico-poética al más puro estilo Correal; ideal para abrir boca.